Lukas Linder · Die Kunst der guten Woche

DIE KUNST DER GUTEN WOCHE

ANLEITUNG FÜR EIN VERGNÜGLICHES DASEIN

VON LUKAS LINDER

ILLUSTRATIONEN
VON LEONIE RÖSLER

KEIN & ABER

Ebenfalls von Lukas Linder:
Der Letzte meiner Art
Der Unvollendete

Alle Rechte vorbehalten
Copyright © 2022 by Kein & Aber AG Zürich – Berlin
Covergestaltung: Maurice Ettlin & Leonie Rösler
Illustrationen: Leonie Rösler
Satz: Giorgio Chiappa
Druck und Bindung: CPI books GmbH, Leck
ISBN 978-3-0369-5871-2

www.keinundaber.ch

VORWORT

Der moderne Mensch sieht sich vor das Paradox gestellt, zu viele Termine und zugleich zu wenig Zeit zu haben. Er ist die Summe seiner Erfahrungen, mehr noch aber die seiner Termine. Wäre es da nicht bedauerlich, wenn er am Ende beim Blick in die Lebensagenda sagen müsste: Ich habe den Großteil meiner Zeit beim Zahnarzt verbracht? Vielleicht. Vielleicht auch nicht. *Die Kunst der guten Woche* wertet nicht. Und sie predigt nicht. Wer sein Leben in einen Terminplaner einträgt, bildet sich ein, alles fest im Griff zu haben. Aber das Leben ist absurd.

Und hier komme ich ins Spiel. In diesem Buch lade ich Sie ein, gemeinsam mit mir die tragikomischen Seiten des Daseins zu entdecken und zu feiern. So wird Ihr Leben vielleicht ein wenig leichter, weil Sie sich selbst auf die Schliche kommen. Folgen Sie mir in 52 Texten durchs Jahr und notieren Sie jede Woche, was in Erinnerung bleiben soll und was keinesfalls. Lassen Sie Ihre Termine so zu hinreißenden Episoden Ihrer ganz persönlichen Geschichte werden. Für eine spielerische Leichtigkeit sorgen auch die Aufgaben, die zum Kreativsein einladen. Sie dürfen zeichnen, malen, kleben, auflisten und erzählen. So entsteht ein Buch, das Sie Woche für Woche begleitet und dabei jede wie ein neues, mehr oder weniger aufregendes Kapitel dieser Geschichte betrachtet, die Ihr Leben ist. Mein Name ist Lukas Linder. Ich bin der Verfasser dieses Buches. Mit anderen Worten: Ich bin derjenige, den Sie die nächsten 52 Wochen an der Backe haben. Ihr Wochen-Coach. Freut mich, Sie kennenzulernen. Und wer sind Sie?

Was von dieser Woche in Erinnerung bleiben soll:

Was ich lieber wieder vergesse:

JANUAR

**To do:
Nichts tun**

Das Jahr beginnen Sie am besten mit der Langsamkeit einer Siamkatze. Viele machen den Fehler, bereits in der ersten Woche sämtliche Versäumnisse des vergangenen Jahres nachholen zu wollen, weshalb sie sich zu Beginn der zweiten Woche im Krankenhaus oder in kompakterer Form auf dem Friedhof wiederfinden. Wer in den ersten Tagen bereits mit dem Joggen anfängt, wird wohl kaum bis zum Jahresende durchhalten. Als Ihr persönlicher Wochen-Coach möchte ich außerdem daran erinnern, dass Stress nicht besonders kleidsam ist. Man schwitzt zu viel, lacht zu laut und fällt oft in Ohnmacht. Allesamt Eigenschaften, mit denen niemand einen romantischen Abend verbringen möchte. Und Sie wollten in diesem Jahr doch beliebter werden. Wenn weniger mehr ist, dann ist nichts alles. Vor allem geht es darum, dem wichtigtuerischen Jahr zu zeigen, wer hier das Zepter in der Hand hat, indem Sie etwas ganz besonders Unbedeutendes tun. Viele greifen in solchen Fällen zum Puzzle, was ich nicht uneingeschränkt empfehlen möchte, da die Gefahr besteht, nie wieder damit aufzuhören. Stärke zeigen: Ja. Verblöden: Nein – so lautet Ihr neues Arbeitsmotto. Ein langer Spaziergang, auf dem Sie sich länger als nötig für die Schindeldachkonstruktionen in der Region interessieren, kann bereits Wunder wirken. Oder Sie sortieren Ihre Bücher nach einem so komplizierten Prinzip, dass nicht einmal Sie selbst es begreifen. Oder Sie telefonieren zwei Stunden lang mit der telefonischen Zeitansage. Oder … Ihnen wird schon etwas einfallen. Hauptsache, Sie tun nichts, was Sie später bereuen. Hauptsache, Sie tun nichts.

KREATIVER EINSCHUB
Stellen Sie sich kurz vor (in Wort und Bild).

Was von dieser Woche in Erinnerung bleiben soll:

Was ich lieber wieder vergesse:

JANUAR

**To do:
Die Liebe ins Auge fassen**

Die zweite Woche ist die heikelste des Jahres. Viele verwechseln sie mit der ersten und puzzeln einfach weiter. Mittlerweile spazieren Sie dreimal täglich zu den Schindeldachkonstruktionen, und die Krone, die Sie, falls Sie in der Schweiz leben, am Dreikönigstag gewonnen haben, tragen Sie jetzt schon den vierten Tag in Folge. Eines Nachts ersteigern Sie bei einer Online-Auktion eine antike Bauchamphora aus dem fünften Jahrhundert. Der Kauf hat teilweise mit Ihrer Liebe zur griechischen Mythologie und ihrer Darstellung auf kostbaren Tongefäßen zu tun, aber auch mit dem sogenannten Zweite-Jahreswoche-Phlegma. Es handelt sich dabei um eine zersetzende Krankheit, von der sich manche ein Leben lang nicht erholen. Das einzige mir bekannte Heilmittel lautet: fiebrige Umtriebigkeit. Und nein: Einfach nur im Fernsehen den Biathlon-Weltcup schauen kann nicht als fiebrige Umtriebigkeit gewertet werden, vor allem nicht, wenn Sie dabei immer noch die verdammte Dreikönigskrone tragen. Was Sie jetzt brauchen, ist ein kleines Drama. In der Regel reicht dafür schon ein Telefongespräch mit Ihrer Mutter. Oder Sie unterhalten sich mit dem Sachbearbeiter, der Ihr Bankkonto betreut. Als Ihr persönlicher Wochen-Coach möchte ich jedoch einen etwas reizvolleren, wenn auch nicht besonders originellen Weg vorschlagen: Ich schlage vor, dass Sie sich dieses Jahr verlieben.

KREATIVER EINSCHUB

Machen Sie eine Zeichnung des Menschen, in den Sie sich verlieben möchten (es dürfen auch Farbstifte verwendet werden).

MEINE WOCHE 3

Was von dieser Woche in Erinnerung bleiben soll:

Was ich lieber wieder vergesse:

JANUAR

**To do:
Freunde treffen**

Ungeduld ist die größte Feindin der Zufriedenheit. Ich habe es immer wieder beobachtet: Nur weil die Menschen irgendwo angekommen sind, wähnen sie sich bereits am Ziel. In ihrer rastlosen Gier, alles bereits hinter sich zu haben, gehen sie so weit, dass sie eine Autobahnraststätte irgendwo vor Domodossola für die Toskana halten. Und die Person, mit der sie am Vorabend in dieser Bar ein angeregtes Gespräch geführt haben, bei dem sie aufgrund der lauten Musik so gut wie gar nichts verstanden haben, für den Menschen, mit dem sie den Rest ihres Lebens verbringen wollen. Je weniger sie von einem Menschen wissen, desto eher kommt er für sie infrage. Sie halten für Romantik, was in Wahrheit pure Verzweiflung ist. Ich möchte, dass Sie sich das jetzt aufschreiben: Tempo ist nicht Leidenschaft. Ganz und gar nicht. Vielmehr muss man sich Leidenschaft als fiebrige Langsamkeit denken. Als eine glühende Schnecke. Das ist wahre Passion. Doch zurück zu Ihnen. Sie sollten sich übungshalber erst mal mit Menschen treffen, die Sie zu gut kennen, um sich in sie zu verlieben. Und ziehen Sie endlich die Dreikönigskrone aus!

KREATIVER EINSCHUB

Notieren Sie hier die letzte Nachricht, die Sie von einem Freund oder einer Freundin erhalten haben.

MEINE WOCHE 4

Was von dieser Woche in Erinnerung bleiben soll:

Was ich lieber wieder vergesse:

JANUAR

To do:
Gesundheitscheck machen

Die wilden Jahre sind endgültig vorbei, wenn bei Treffen mit alten Freunden vermehrt von Darmspiegelungen die Rede ist. Das Leben ist kostbarer geworden und gleichzeitig fragiler. Aus unendlichem Spaß ist unendliche Sorge geworden, die jedes Glas Wein zerknirscht vom Lebenserwartungskonto abzieht. Im gleichen Maße haben die Taschenspielertricks der Selbstüberlistung zugenommen. Wie besessen bereiten Sie Smoothies zu und schlucken Echinacea bis zur Vergiftung. Der Tod ist für Sie eine Gefahr, die immer nur den anderen droht. Ihre hysterische Selbstsicherheit rührt dabei noch immer von einer Untersuchung beim Schularzt her, bei der alles okay gewesen war, abgesehen von einem leichten Hang zum Plattfuß, der Ihnen seither als Generalerklärung für alle folgenden Gebrechen dient. Widerwillig gehen Sie alle Jubeljahre zum Zahnarzt und verstehen die Zahnreinigung dann gleich als Full-Body-Check, als hätte der Zahnarzt, als er in Ihre Mundhöhle schaute, auch gleich noch einen Blick auf die übrigen Organe geworfen. Viele Ihrer Familienmitglieder sind schon in relativ frühem Alter verstorben, doch die haben einfach Pech gehabt. Wenn Sie, was selten genug vorkommt, mal auf einen windigen Hügel steigen, fühlen Sie sich so vital, dass Sie die Unendlichkeit zu streicheln meinen. Dasselbe Gefühl überkommt Sie, wenn Sie, was noch seltener vorkommt, bei Sonnenaufgang über den Friedhof joggen. Man sollte keinen Kult ums Kranksein bilden, denn schließlich stirbt man ja sowieso. Ein Gesundheitscheck, der mehr beinhaltet als eine Massage bei Ihrem Lieblingsorthopäden Max mit den Zauberhänden, halte ich dennoch für eine gute Idee. Zumal jetzt die Skisaison ins Haus steht.

KREATIVER EINSCHUB
Zeichnen Sie Ihren Körper und markieren Sie alle Stellen, die Ihnen wehtun.

Was von dieser Woche in Erinnerung bleiben soll:

Was ich lieber wieder vergesse:

JANUAR / FEBRUAR

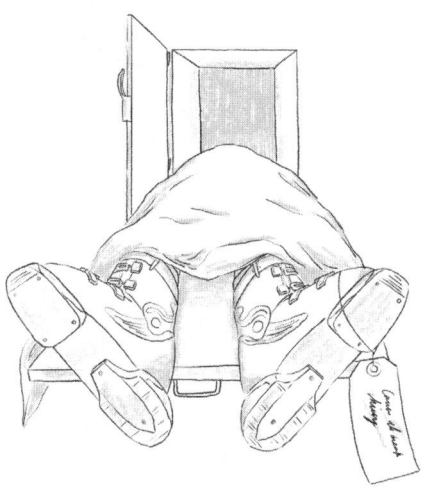

**To do:
Curling ausprobieren**

Für viele beginnt das Jahr erst so richtig mit dem Skiurlaub in Tirol. Für viele endet es auch hier. Längst ist aus einem unschuldigen Vergnügen eine entfesselte Vernichtungsmaschinerie geworden, die den Krankenhäusern im Stundentakt Patienten in die Betten spült und dafür sorgt, dass am Jahresende der Saldo stimmt. Mehr noch, auf der Skipiste scheint sich eine Art Kamikaze-Hedonismus zu manifestieren, der im gleichen Maße zunimmt wie das vegetarische Mittagsangebot in den Bergrestaurants. Allgemein gilt die Regel, dass auf jede Veggie-Bowl ein Wadenbruch kommt. Wer keine gebrochenen Knochen hat, der hat einen Sonnenbrand dritten Grades. Wer keinen Sonnenbrand hat, der wird gerade mit einer Alkoholvergiftung aus der Après-Ski-

Hütte getragen. Wer nichts dergleichen hat, wer gesund ist und fidel und statt *Saufen, morgens, mittags, abends* versonnen eine Passage aus *Die schöne Müllerin* pfeift – der spielt wahrscheinlich Curling. An dieser Stelle möchte ich Ihnen diesen Gentleman-Sport ans Herz legen. Er ist das Stein gewordene Pendant zu einer guten Zigarre oder einem exzellenten Barolo. Ein Sport, so tiefsinnig wie Schach – nur dass hier gewischt wird, mit einer 99-prozentigen Überlebenschance – abgezogen jenes absurde Prozent, das sich beim Wischen das Genick gebrochen hat. Doch Leuten, die sich beim Curling das Genick brechen, ist sowieso nicht zu helfen. Das Einzige, was Sie sich bei diesem Sudoku unter den Wintersportarten holen können, ist eine leichte Erkältung – und ein weiteres Glas Roten an der Hausbar. 0,1. Wenn man sich Leidenschaft als fiebrige Langsamkeit denken muss, ist Curling ihre Erfüllung.

KREATIVER EINSCHUB
Hier ist Platz für Ihr Aquarell
mit dem Titel «Aprés-Ski».

Was von dieser Woche in Erinnerung bleiben soll:

Was ich lieber wieder vergesse:

FEBRUAR

To do:
Keinen Wintersport betreiben

Unfälle sind Einstellungssache, wobei Komfort eine wichtige Rolle spielt. Man lässt sich das Bein doch viel lieber amputieren, wenn man weiß, dass nachher ein Gourmetmenü auf einen wartet. Wer sich schon mal, sei es aus Frechheit, sei es im Schmerz-Wahn, fälschlicherweise als Privatpatient angemeldet hat, der weiß, dass Kranksein auch ein Genuss sein kann. Man wird von zarten Händen in ein Himmelreich im fünften Stock gerollt, wo einen ein Einzelzimmer erwartet, dessen gigantische Größe der Bedeutung Ihres Leidens Rechnung trägt. Eine breite Fensterfront erlaubt den Blick auf eine kleine Gartenanlage, in der Vögel singen und ein alter Mann mit gütigem Lächeln Orchideen züchtet. Die Schiebetür öffnet sich und eine Krankenschwester tritt ein, die sich als Ihre persönliche Ansprechpartnerin vorstellt. Zum Mittagessen gibt es ein fünfgängiges Degustationsmenü mit Weinbegleitung, zubereitet vom Sternekoch Franco Maluns, der sich soeben telefonisch nach der Garstufe Ihres Rinderfilets erkundigt. »Blutig«, krächzen Sie. Es ist das Letzte, was Sie in Ihrem Leben als Privatpatient krächzen. Denn inzwischen ist Ihr Schwindel aufgeflogen und zwei bärbeißige Pfleger stürmen Ihr Himmelreich und schaffen Sie ziemlich unsanft zwei Stockwerke abwärts. Ins Reich der Elenden und Verdammten: zu den Kassenpatienten. Dort beziehen Sie einen Massenverschlag, in dem bereits acht lädierte Biker liegen. Ein Mann kommt herein, der aussieht, als wäre er von Beruf Metzger: »Wo liegt der Idiot, der sich beim Curling den Finger gebrochen hat?« Besser, Sie suchen sich diesen Winter eine Tätigkeit, die Ihren Fähigkeiten wirklich entspricht. Ich schlage vor, dass Sie einen Schneemann bauen.

KREATIVER EINSCHUB
Verfassen Sie eine Ode an Ihren liebsten Körperteil.

MEINE
WOCHE 7

Was von dieser Woche in Erinnerung bleiben soll:

Was ich lieber wieder vergesse:

FEBRUAR

To do:
Originelle Liebesgeständnisse erfinden

»Ich liebe dich« hat seine besten Tage hinter sich. Genau wie »Gelobt sei Dein Name« und »Morgen fliegen wir nach Bali – Schnäppchenangebot« hat der Satz in letzter Zeit an Strahlkraft eingebüßt und ist nur noch ein Schatten seiner selbst. Dabei liegt es nicht an der Liebe, die niemals alt werden kann, sondern an der inflationären Verwendung der Worte in unzähligen Liebesfilmen, die einem, wenn man selbst an der Reihe ist, das Gefühl verleihen, Akteur in einem etwas hölzernen Remake zu sein. Im Vergleich zum Kino wirkt die Wirklichkeit immer hölzern, da reale Liebesszenen in der Regel nicht von einer bewegenden Klaviersonate unterlegt sind. Gerade in der Liebe möchte man doch einzigartig sein. Dieser Wunsch fällt zunehmend schwerer angesichts der Tatsache, dass womöglich schon Milliarden anderer Verliebter auf die gleiche Idee gekommen sind. Romantik ist im Grunde einfach eine besonders radikale Art der Verdrängung. Ich möchte, dass Sie sich ein paar frische Liebesgeständnisse überlegen, die Ihre Gefühle origineller auf den Punkt bringen. Aber denken Sie daran: Sie müssen keine Rede schreiben. Die Liebe braucht keine Nebensätze und auch keine Klammerbemerkungen. Seien Sie einfach. Aber seien Sie nicht simpel. »Ich schätze deine Kenntnisse in der Finanzbuchhaltung« ist zu trocken. »Ich möchte in dein duftendes Schamhaar verflochten durch alle Jahreszeiten tanzen« zu schwülstig und außerdem widerlich. Ich würde Ihnen ja gern raten, Ihr Herz sprechen zu lassen. Doch das Herz spricht nicht. Sie müssen es wohl oder übel selbst machen.

KREATIVER EINSCHUB

Schreiben Sie ein Liebesgedicht basierend auf folgenden Wörtern:

Fleischkäse – Polonaise – durchbeißen – vom Hocker reißen

Was von dieser Woche in Erinnerung bleiben soll:

Was ich lieber wieder vergesse:

FEBRUAR

**To do:
Allein ins Restaurant**

Das originellste Liebesgeständnis ist nichts wert ohne würdigen Adressaten. Die Wirklichkeit des zeitgenössischen Menschen sieht so aus, dass er mit Worten, an die er selbst nicht im Geringsten glaubt, einem anderen, für den er in der Regel nicht mehr als kollegiale Vertrautheit verspürt, seine Liebe erklärt. Das Bedürfnis des Menschen nach Liebe ist so unendlich wie seine Bereitschaft zur Selbsttäuschung. Der Gedanke, niemanden zu lieben, ist derart unerträglich, dass manche schon so weit gehen, willkürlichen Bekanntschaften wie ihrem Steuerberater, der Frau von der telefonischen Zeitansage oder sogar dem eigenen Ehemann ihre Liebe zu gestehen. Oder, um es mit einem Satz, der wie aus einem zu Recht vernichteten Notizbuch von Oscar Wilde klingt, zu sagen: Das Einzige, was entsetzlicher ist, als jemanden zu lieben, ist, niemanden zu lieben. Das weiß jeder, der schon mal allein im Restaurant zu Abend gegessen hat. Schon die Frage des Kellners »Sind Sie allein?« klingt wie ein Vorwurf, den eine lässige Bejahung oder gar ein Witz à la »Mein Name ist Lucky Luke« nur betrüblicher machen. Daraufhin fordert er Sie auf, ihm quer durch das Restaurant zu folgen, wobei er ein horrendes Tempo anschlägt, damit Ihr deprimierender Anblick den dinierenden Paaren nicht den Appetit raubt. Endlich gelangen Sie zu einem verschatteten Winkel, wo eine grobe Holzbank neben der Tür zur Herrentoilette steht, weshalb Sie während des Essens permanent den Duft des WC-Steins in der Nase haben. An der Holzbank gegenüber sitzt die andere verlorene Seele des Abends. Ein Glatzkopf mit kränklicher Gesichtsfarbe, der mit letzter Kraft eine Lasagne verzehrt und dabei so aussieht, als würde er sich unmittelbar danach erhängen wollen. Sie schauen in den echten Restaurantbereich hinein, in dessen warmem Licht Paare verträumt Händchen halten, während der Kellner mit feierlicher Miene ihren Fisch tranchiert. Sie mögen sich vielleicht nicht lieben, doch sitzen sie wenigstens nicht allein neben der Herrentoilette. Auch wenn der Restaurantbesuch keinen Erfolg verspricht, kann man natürlich nicht immer zuhause bleiben. Wenn Sie unbedingt das Haus verlassen müssen, sollten Sie besser ins Kino gehen.

KREATIVER EINSCHUB

Dinner for one – notieren Sie ein festliches Gericht für einen einsamen Abend.

Was von dieser Woche in Erinnerung bleiben soll:

Was ich lieber wieder vergesse:

FEBRUAR / MÄRZ

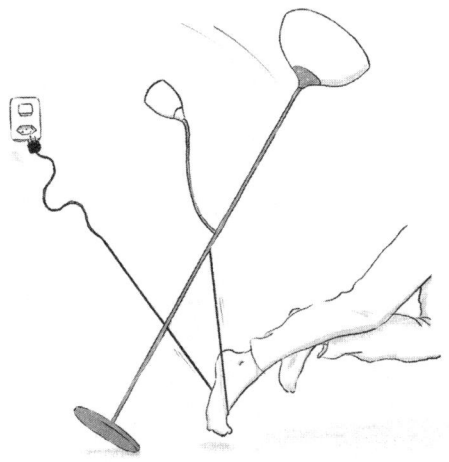

To do:
Ins Kino gehen

Wann immer Sie im Kino einen dieser französischen Autorenfilme sehen, beschließen Sie, noch während des Abspanns, dass Ihr Leben künftig genau wie dieser Film sein soll, nämlich tiefsinnig, witzig und ästhetisch. Ein Leben soll es sein, so träumen Sie, während Sie mit der Filmmusik im Ohr nach Hause schlendern, in dem der japanische Wandteppich, der Esstisch aus Kirschholz und die Dauerwelle Ihrer Schwiegermutter miteinander in Verbindung stehen wie die Noten der bittersüßen Melodie mit Ohrwurmcharakter. Sie kommen nach Hause und sehen als Erstes das Billy-Regal. Dann sehen Sie das andere Billy-Regal. Die märchenhafte Filmmusik verwandelt sich in eine Komposition, deren Titel *Hauptsache praktisch* lauten könnte. Weder trägt Ihre Schwiegermutter eine Dauerwelle noch haben Sie eine Schwiegermutter. Die griechische Bauchamphora könnte jetzt Wunder bewirken, doch hängt sie immer noch am Zoll fest. Sie beschließen, die ästhetische Revolution auf den nächsten Tag zu verschieben, und begnügen sich für den Moment damit, die Stehlampe aus dem Wohnzimmer in die Küche zu tragen, wobei Sie wieder die süffige Filmmusik trällern. Am nächsten Morgen laufen Sie auf dem Weg in die Küche als Erstes in die Stehlampe. Danach machen Sie sich auf die Socken und klappern die örtlichen Antiquariate nach Designerstücken ab, die Sie in Ihre Lebenssinfonie integrieren können. Am Ende kaufen Sie eine Postkarte. Sie kostet enttäuschend wenig und Sie erstehen sie mehr aus Trotz denn aus Liebe zu Enzian-Motiven. Vor dem Antiquariat steckt Ihnen eine junge Frau in Lederkostüm einen Gutschein für die Erotik-Messe *Exposia* zu. Niedergeschlagen kehren Sie nach Hause zurück, wo Sie erneut in die Stehlampe laufen. Tragen Sie sie zurück ins Wohnzimmer. Filme haben den Vorteil, dass sie in der Regel nach neunzig Minuten zu Ende sind, während das Leben häufig etwas länger dauert. Ästhetik ist unbequem. Richten Sie sich besser für das Leben ein und machen Sie es sich gemütlich.

KREATIVER EINSCHUB
Nennen Sie drei Objekte in Ihrer Wohnung, über die sich sagen ließe: geschmacklos, aber gemütlich.

MEINE WOCHE 10

Was von dieser Woche in Erinnerung bleiben soll:

Was ich lieber wieder vergesse:

MÄRZ

To do:
Frauen zuhören

Falls Sie ein Mann sind, sollten Sie die folgenden Ausführungen mit geschärfter Aufmerksamkeit lesen. Wenn Sie eine Frau sind, lesen Sie sowieso alles mit geschärfter Aufmerksamkeit. Viele halten den Frauentag immer noch für eine Art zweiten Muttertag, weshalb sie losziehen, um ihre obligate Schachtel Merci zu besorgen. Dass die Welt wieder in Ordnung ist, nur weil man einmal »Danke« sagt, ist eine Wahrheit, die uns die Werbung gelehrt hat. Tatsächlich geht es beim Frauentag vielmehr darum, sich zu entschuldigen, beispielsweise dafür, dass man das Gegenüber mit biederem Schokozeug schikaniert, dessen Name nicht etwa den jungen Gérard Depardieu evoziert, der einem anzügliche Liebesgeständnisse ins Ohr säuselt, sondern einen deutschen

Touristen, der sich im Louvre mit Schweißrändern unter den Achseln erkundigt, wo man hier Briefmarken kaufen könne. Männer mit kreativer Ader nehmen den Tag zum Anlass, in der Werkstatt, zu der sie das gemeinsame Schlafzimmer vorübergehend umgemodelt haben, einen gigantischen Holzstuhl zu zimmern, dessen schonungslose Härte den dazu geschenkten Massage-Gutschein noch aufmerksamer erscheinen lässt. Musikalisch begabte Männer greifen auch mal zur Gitarre, um ein Lied zu singen, das sie teilweise selbst komponiert, teilweise bei Ed Sheeran abgeschaut haben. Wieder andere beginnen einen gefühlvollen Brief, wobei sie nach ein paar Absätzen entdecken, dass der Text das Zeug zum Roman hat. Sie tragen ihrer Partnerin auf, den Rest des Tages auf die Kinder aufzupassen, und schließen sich in ihrem Arbeitszimmer ein, wo sie gleich die Gliederung der Kapitel entwerfen. Ich will es mal so sagen: Der Frauentag ist dieser eine Tag im Jahr, an dem Sie sich als Mann nicht produzieren sollen. Sagen Sie nicht Danke, entschuldigen Sie sich nicht, kreuzen Sie nicht mit Pralinen auf und kochen Sie auch keinen Fünfgänger, an dessen Ende Sie so erschöpft sind, dass Ihre Liebste Sie zwei Stunden massieren muss. Tun Sie nichts dergleichen. Halten Sie einfach die Klappe und hören zu, was die Frauen zu sagen haben. Meinetwegen dürfen Sie dabei ein paar Merci essen.

KREATIVER EINSCHUB

Beschreiben Sie eine Frau, die Sie beeindruckt, geprägt, beeinflusst hat.

MEINE
WOCHE 11

Was von dieser Woche in Erinnerung bleiben soll:

Was ich lieber wieder vergesse:

MÄRZ

To do:
Frühlingsvorbereitungen

Mitte März hat man endgültig keine Geduld mehr für den Winter. Den Schnee, den man im Dezember mit kindlichem Jubel begrüßt hat, empfängt man nun ungefähr so euphorisch wie die Zeugen Jehovas. Am Wochenende fährt man ins Skigebiet, wo man lustlos den Hang herunterwedelt. Genauso lustlos lässt man sich vom Rettungshelikopter ins Krankenhaus fliegen, wo einem ein gelangweilter Chirurg den komplizierten Schienbeinbruch mit verbundenen Augen richtet, damit wenigstens ein bisschen Spannung aufkommt. Sobald die Temperaturen über den Gefrierpunkt klettern, gibt es immer wieder solche, die in Shorts durch die Straßen ziehen. Vorsichtigere Zeitgenossen setzen sich erst mal auf den heimischen Balkon und warten auf die Sonne. Viele bleiben dort, bis sie Monate später gefunden werden. Bestatter sprechen vom März auch als »Saisonbeginn«. In Zeiten, da jeden Tag die nächste Pandemie um die Ecke kommen kann, hat der Gang vor die Haustür sowieso seine Unschuld verloren und wird zur Grundsatzfrage. Auch in ästhetischer Hinsicht. Viele haben den ganzen Winter in derselben langen Unterhose verbracht. Andere lassen sich einen Bart stehen, der auch nach mehreren Monaten noch so aussieht, als würde ihnen die Pubertät am Kinn kitzeln. Wieder andere machen eine Diät, worauf sie plötzlich dreimal so schwer sind als zuvor. Der Mensch lässt sich gehen, wenn er nicht weiß, wo er hingehen soll. Als Ihr Wochen-Coach möchte ich, dass Sie die Zeit in den heimischen vier Wänden nutzen, um an Ihrem Erscheinungsbild zu feilen. Ein vielversprechender Anfang könnte darin bestehen, einfach mal wieder in den Spiegel zu sehen. Man muss sich dem Grauen stellen, um es zu bezwingen.

KREATIVER EINSCHUB
Hier ist Platz für ein Selbstporträt.

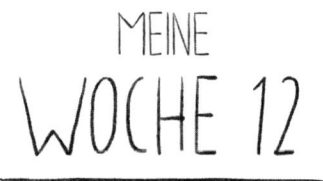
MEINE WOCHE 12

Was von dieser Woche in Erinnerung bleiben soll:

Was ich lieber wieder vergesse:

MÄRZ

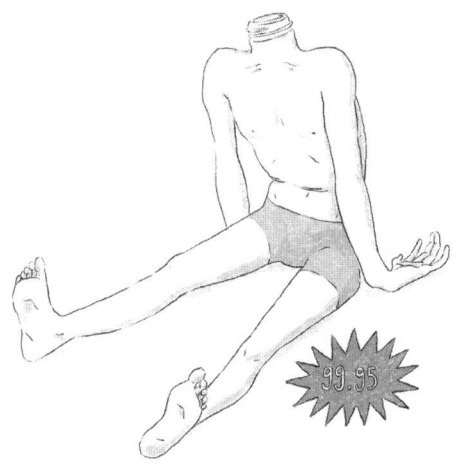

To do:
Seinen Online-Auftritt überdenken

Ich habe eine gute Nachricht für Sie: Sie brauchen nicht länger ins Fitnessstudio zu gehen, denn da ist niemand mehr, der sich für Ihren Körper interessiert. In Zeiten von Netflix finden reale Begegnungen eigentlich nur noch aus nostalgischen Gründen statt. Es umgibt sie die romantische Aura von Schallplatten, die mancher Nerd noch sammelt, obwohl er ganz genau weiß, dass sie von der technischen Entwicklung längst überholt wurden. Sie sind ein Fetisch. Auch menschliche Körper sind nur mehr leicht schrullige Anachronismen, die zu Ramschpreisen auf dem Flohmarkt feilgeboten werden. Das richtige Leben findet im digitalen Raum statt, während die sogenannte Wirklichkeit zu einem Museum geworden ist, das Sie an verregneten Sonntagen, wenn das Internet überlastet ist, mit den Kindern oder Patenkindern besuchen, um ihnen zu zeigen, wie es früher mal war. So lautet die Gretchenfrage unserer Zeit: Wie hältst du es mit den sozialen Medien? Und da muss ich mit Ihnen schimpfen. Auf Ihrem Facebook-Account ist ungefähr so viel los wie in einem Sex-Kino am Montagmorgen. Ihr Profilbild rührt aus der Zeit, als Ihr Handy noch keine guten Fotos machen konnte, weshalb man Sie auf dem Bild auch für einen Stein oder eine Nebelwand halten könnte. Die einzigen Einträge stammen von Leuten, die Ihnen zum Geburtstag gratuliert haben, wobei sie vor drei Jahren damit aufhörten. Vermutlich glauben sie, Sie seien verstorben. Merken Sie sich das: Wer nicht postet, existiert nicht. Bei Instagram sieht die Lage noch schlimmer aus, da Sie es dort nur bis zur Anmeldung geschafft und dann das Passwort vergessen haben. Zeit, dass Sie Ihren Online-Auftritt von Grund auf überdenken. Als Erstes müssen Sie sich ein Thema suchen, zu dem Sie jeden Tag Ihren Senf dazugeben können. Das kann die Menschenrechtslage in Nordkorea, Ihr Leben als frischgebackene Mutter (geht auch ohne Kind, schreibt sich aber leichter aus eigener Erfahrung) oder Kaffee mit Gin sein. Ob Sie von dem Thema eine Ahnung haben oder sich überhaupt für Nordkorea interessieren, spielt dabei keine Rolle. Schreiben Sie sich das hinter die Ohren: Heutzutage ist ein guter Charakter dasselbe wie ein gutes Profil. Und schauen Sie zu, dass Sie endlich dieses Passwort wiederfinden.

KREATIVER EINSCHUB
Auf welchen Gebieten sind Sie Experte oder Expertin?

Was von dieser Woche in Erinnerung bleiben soll:

Was ich lieber wieder vergesse:

MÄRZ / APRIL

To do:
Der Liebe auf den Grund gehen

Sie haben sich verliebt. Das allein ist noch kein Wunder. Sie verlieben sich immer, wenn der Frühling anfängt. In diesem Jahr sind Sie jedoch besonders früh dran. Je älter man wird, desto größer wird die Liebesbedürftigkeit. Und desto geringer werden die Ansprüche. Hat man früher nach einem Menschen gesucht, mit dem man ein zwitscherndes Zwiegespräch über die erotischsten Passagen in *Finnegans Wake* führen konnte, so soll es heute einfach jemand sein, der mit einem wandern geht und am Abend auch mal die Klappe hält. Am Gefühl der Verliebtheit hat sich jedoch nichts geändert. Es erfüllt einen immer noch mit einer Energie, als wäre das Leben nicht diese Dampflokomotive, die auf einer nostalgischen Nebenstrecke ihre deprimierenden Kreise dreht, sondern ein EuroCity-Express, der unaufhaltsam neuen Gestaden entgegenjagt. Als Erstes gehen Sie zum Friseur, wo Sie eine radikale Veränderung verlangen, worauf Ihnen der eingeschüchterte Kerl die Haare einen Millimeter kürzer schneidet als normalerweise. Das Ergebnis ist verblüffend. Im Anschluss erstehen Sie in einer Boutique ein Paar Edelunterhosen, die mit den derben Liebestötern, die Sie für gewöhnlich tragen, nur gemein haben, dass man sie ungefähr an derselben Stelle trägt. Zuhause putzen Sie die Wohnung, und wo Sie schon dabei sind, streichen Sie auch gleich das Schlafzimmer und legen neue Fliesen im Badezimmer. Obwohl Sie kurz vor dem Zusammenbruch stehen, absolvieren Sie danach eine kleine Gymnastikeinheit, wobei auch Elemente aus der brasilianischen Kampfkunst Capoeira zum Einsatz kommen. Nun müssen Sie nur noch in der Oper anrufen und zwei Tickets für *Don Carlos* reservieren, genau wie den Tisch im Separee dieses romantischen italienischen Restaurants und natürlich die Übernachtung im Leuchtturm. Wenn Sie die Panna cotta ungefähr um halb zwölf bestellen, wie gelangen Sie dann um Mitternacht noch auf diese Halbinsel? Eine andere Frage scheint mir gerade noch viel dringender: Weiß Ihre neue Liebe überhaupt, wer Sie sind? Haben Sie schon mal mit ihr gesprochen? Mag sie *Don Carlos,* oder zieht sie ihm *Don Camillo* vor? Ich schlage vor, dass Sie das herausfinden. Die Leuchtturm-Übernachtung würde ich bis dahin erst mal stornieren. Die Unterhosen dürfen Sie gern behalten.

KREATIVER EINSCHUB

Kleben Sie hier ein Foto Ihrer Liebe ein und vergleichen Sie es mit der Zeichnung, die Sie in Woche 2 gemacht haben. Finden Sie die Unterschiede.

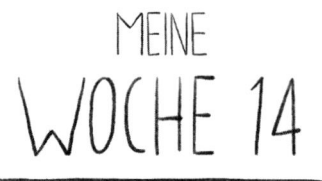

Was von dieser Woche in Erinnerung bleiben soll:

Was ich lieber wieder vergesse:

APRIL

**To do:
Date at home**

Wo lernt man sich am besten kennen? Viele Menschen verabreden sich zu ihrem ersten Date im Kino, obwohl es keinen schlechteren Ort dafür gibt. Wenn man alles über einen Menschen erfahren möchte, sollte man ihn nicht zu Tarkowskis *Andrej Rubljow* in der dreistündigen Originalfassung mitnehmen, selbst wenn einem das die beeindruckende Einstiegsbemerkung »Ich habe ein Flair für russisches Autorenkino« ermöglicht. Denn danach werden Sie viele Stunden überhaupt nichts mehr sagen und das russische Autorenkino spätestens gegen halb zwölf in der Nacht zur Hölle wünschen. Manchen platzt auch noch im Kinosaal der Kragen, weshalb sie ihrer Begleitung, während auf der Leinwand gerade ein Gottesnarr gekreuzigt wird, anzüglich ins Ohr flüstern: »Ich schätze deine Kenntnisse in der Finanzbuchhaltung.« (Falls Ihnen das ebenfalls passiert, sollten Sie besser auf Ihr originelles Liebesgeständnis aus Woche 7 zurückgreifen.) Nur weil Ostern vor der Tür steht, sollten Sie auf keinen Fall der Versuchung erliegen, Ihre Bekanntschaft der Familie vorzustellen. So unglaublich witzig und unkompliziert Sie Ihre Verwandten auch finden, anderen Menschen erscheinen sie stets als groteske Ansammlung mundfauler Zwangsneurotiker, die merkwürdige Dinge sagen und jede Äußerung als persönliche Beleidigung auffassen, die sie nie wieder vergessen. Ihre Freunde mögen vielleicht die weltoffensten Menschen sein, doch verwandeln sie sich in humorlose Sektenprediger, sobald jemand keinerlei Sinn für ihre Insider und abstrusen Geschichten aus vergangenen Tagen zeigt. Sie sollten sich erst mal zu zweit treffen, an einem Ort, wo niemand auf Russisch nach Gott sucht, und kein Onkel zur Gitarre greifen kann, um eine Mundart-Version von Leonard Cohens *Hallelujah* anzustimmen. Früher hat man sich in solchen Fällen im Zoo getroffen. Doch wenn Sie heute den Zoo vorschlagen, besteht die Gefahr, dass die andere Person in Begleitung zweier Tierschutzaktivisten zum Date erscheint. Man darf sich nicht schon zu früh als moralisch fragwürdiges Subjekt zu erkennen geben. Entgegen der landläufigen Meinung rate ich Ihnen dazu, Ihre Bekanntschaft nach Hause einzuladen. Ihr Mienenspiel beim Anblick der Billy-Regale wird Ihnen mehr als tausend Worte verraten, ob diese Geschichte Potenzial für eine langjährige Beziehung hat. Schade nur, dass die Bauchamphora noch nicht eingetroffen ist.

KREATIVER EINSCHUB

Erstellen Sie eine romantische Wegbeschreibung zu Ihrer Wohnung.

Was von dieser Woche in Erinnerung bleiben soll:

Was ich lieber wieder vergesse:

APRIL

**To do:
Das Osterfest ausnahmsweise genießen**

Apropos Ostern. Seit Jahr und Tag handelt es sich hierbei um ein Fest, an dem Sie bloß ironisch partizipieren. Dem Tag fehlt die rituelle Dichte des Weihnachtsfests und damit auch dessen Dringlichkeit. Es ist ein wirrer Tag, was auch damit zu tun hat, dass hier eines Menschen gedacht wird, der kurz nach seinem Ableben schon wieder auferstanden ist. Dieser unentschlossene Charakter setzt sich auch bei der Auswahl der Geschenke oder des Essens fort. Es passt zur Ratlosigkeit des Tages, dass man die Mahlzeit, bevor man sie zu sich nehmen kann, erst suchen muss. Trotz seines enormen Symbolgehalts ist das Ei ein Lebensmittel, zu dem Sie nichts zu sagen haben. Und noch ein Unterschied: Während sich Ihre Verwandten zu Weihnachten in Schale werfen, sehen sie an Ostern noch schlechter aus als sonst. In diesem Jahr jedoch ist alles anders. Beschwingt von Ihrem neuen Liebesglühen kommt Ihnen das Osterfest erstmalig nicht wie ein harziges Team-Meeting am Montagmorgen vor, sondern wie ein Frühstück bei den Royals. Nicht weniger als fünf Mal heben Sie den Deckel zur Pfanne mit dem Rührei Ihrer Tante an, um es mit den Worten »Aiaiai. Was brutzelt denn da?« zu begrüßen. Ab dem vierten Mal wirft sich Ihre Familie sorgenvolle Blicke zu. Sie kippen sich den Orangensaft hinter die Kehle, als wäre es Champagner, während Sie die Mitglieder Ihrer Familie betrachten, die leuchten wie griechische Götter in Funktionskleidung. Als die Familie später zum Spaziergang aufbricht, gehen Sie nicht nur mit, anstatt wie in anderen Jahren das Ende von *Ben Hur* zu verfolgen, sondern organisieren unterwegs spontan ein Boccia-Turnier, an dem die ganze Nachbarschaft teilnimmt. Zurück im Haus eröffnen Sie Ihren Verwandten, dass Sie für die Familienfeier im November einen künstlerischen Beitrag planen. Worin dieser Beitrag genau besteht, wissen Sie selbst noch nicht, doch bis November haben Sie ja noch etwas Zeit.

KREATIVER EINSCHUB
Zeichnen Sie Ihre Familie.

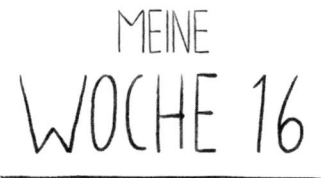

MEINE WOCHE 16

Was von dieser Woche in Erinnerung bleiben soll:

Was ich lieber wieder vergesse:

APRIL

**To do:
Geigenstunden (wöchentlich)**

Wie die meisten halten Sie sich für einen Menschen mit erlesenem Musikgeschmack. Wie die meisten haben Sie nicht den geringsten Grund dazu. Im Gegenteil. Sind Sie früher regelmäßig zu Konzerten gefahren, darf es jetzt auch das Orgelkonzert in der reformierten Kirche sein. Das letzte Musikalbum, das Sie sich geleistet haben, war das neueste Werk von Beyoncé, wobei Sie im Moment, als Sie es auf den Verkaufstresen legten und den fragenden Blick des Verkäufers auf sich spürten, realisierten, wie falsch sich das anfühlte, weshalb Sie das Album im letzten Augenblick gegen die *Greatest Hits* von Bob Dylan tauschten. Mittlerweile hören Sie *Blowin' in the Wind* nicht mehr, weil Sie es so mögen, sondern weil Sie es so gut kennen: weil es Ihnen keine

Angst macht. Auf iTunes haben einzig die *Gymnopédies* von Erik Satie mehr Aufrufe, die Sie immer dann hören, wenn Sie unter Verdauungsproblemen leiden. Ein Instrument haben Sie nie beherrscht. Doch wann immer Sie die *Goldberg-Variationen* hören, stellen Sie sich vor, dass Sie es wären, der hier so virtuos musiziert. Merkwürdigerweise beschleicht Sie diese Fantasie auch bei *The Final Countdown* von Europe. Am nächsten sind Sie einem musizierenden Leben vermutlich in der Zeit gekommen, als Sie mit Ihrer damaligen Liebe über den Kauf eines E-Pianos nachgedacht haben. Das Wunderding sollte Ihrer ins Stocken geratenen Beziehung neues Leben einhauchen. Tatsächlich hat ihr die Vorstellung, wie sie am Wochenende gemeinsam *Fuchs, du hast die Gans gestohlen* spielen, den Gnadenstoß verpasst. Sie empfinden eine völlig unbegründete Sympathie für das Waldhorn, während Sie das Cello genauso unbegründet verachten. Als Kind haben Sie mal in der Musikschule ein halbes Jahr lang Geige gespielt, bis Ihre Eltern Sie zum Tennis abzogen. Heute müssen Sie feststellen, dass es sich mit dem Geigenspiel nicht wie mit dem Fahrradfahren verhält: Man verlernt es eben doch. Das heißt, vermutlich haben Sie es gar nie beherrscht. Aus diesem Grund schlage ich vor, dass Sie wieder Unterricht nehmen, und damit meine ich nicht dieses Geigen-Yoga auf YouTube, bei dem Sie Ihre Wirbelsäule eine halbe Stunde lang mit dem Bogen streicheln.

KREATIVER EINSCHUB

Notieren Sie hier die Lieder Ihres Lebens und singen Sie eines davon einem guten Freund oder einer guten Freundin auf die Mailbox.

MEINE WOCHE 17

Was von dieser Woche in Erinnerung bleiben soll:

Was ich lieber wieder vergesse:

APRIL

**To do:
Besuch bei den neuen Schwiegereltern**

Die Eltern Ihrer neuen Liebe haben Sie zum Mittagessen eingeladen. Der Lunch ist eine Mahlzeit, die Ihnen nicht besonders liegt, da dazu nicht immer Wein getrunken wird. Andererseits besteht so nicht die Gefahr, dass Sie den guten Pinot noir des Gastgebers praktisch im Alleingang austrinken, um, befeuert von seiner Wirkung, die zweite Flasche höchstpersönlich aus dem Weinkeller holen zu gehen. Trotzdem gilt es ein paar Klippen zu umschiffen. Sie dürfen sich gern positiv zur Wohnungseinrichtung äußern. Ist bildende Kunst vorhanden, dürfen Sie auch mit Ihrem Wissen prahlen – jedoch nur, wenn es sich um Originale handelt. So vornehm »Da haben wir ja einen Picasso« beim echten Werk klingt, so lächerlich wirkt es beim Poster aus dem Museumsshop.

Auch sollten Sie vermeiden, Fotos der Klöppelarbeiten der Mutter zu machen, um sie auf Ihre Instagram-Seite zu stellen (vielleicht ist Ihnen das Passwort ohnehin noch nicht wieder eingefallen). Allgemein gilt: Lob ist erlaubt, Schleimen jedoch strengstens verboten. Man wird Sie sonst schnell für einen Hochstapler halten, vor dem Kind und Klöppelkunst zu bewahren sind. Während des Essens sollten Sie nicht zu still sein, aber auch nicht zu laut. Es ist sicher nett, sich für die Arbeit des Vaters als Elektriker zu interessieren, doch sollten Sie in Ihrem Übermut nicht so weit gehen, dem Mann zu erklären, was ein Stromkreislauf ist. Auch sollten Sie von Monologen mit dem Titel *Mein Leben von der Geburt bis zum jetzigen Zeitpunkt in sämtlichen Details* absehen. Die Eltern möchten Sie kennenlernen. Das heißt nicht, dass sie auch wirklich wissen wollen, wer Sie sind. Bleibt noch die Frage, wie Sie sich Ihrer Liebe gegenüber verhalten. Obwohl Sie im Moment nur schwer die Finger voneinander lassen können, sollten Sie keine heißen Zungenküsse austauschen, während die Mutter gerade das Schweinefilet serviert. Auch sollten Sie während der Hausbesichtigung kein schnelles Schäferstündchen im Arbeitszimmer des Vaters vorschlagen, oder nur, wenn sich die Tür abschließen lässt und die Eltern generell einen lockeren Eindruck machen. Doch Eltern sind nie locker. Merken Sie sich das: Alle Menschen sind verspannt, und es gibt keine Rettung. Wenn Sie das bedenken, wird alles gut.

KREATIVER EINSCHUB
Notieren Sie eine typische Redewendung in Ihrer Familie.

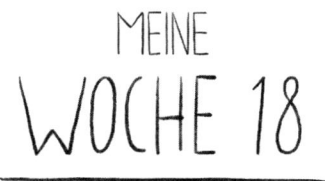

Was von dieser Woche in Erinnerung bleiben soll:

Was ich lieber wieder vergesse:

MAI

To do:
Kreative Auszeit im Ferienhaus

Einmal in den Kreis der Schwiegerfamilie aufgenommen, folgt hierzulande alsbald der nächste Schritt: Die neuen Verwandten möchten, dass Sie am nächsten Sonntag in ihr Ferienhäuschen in den Bergen mitkommen. Das Ferienhaus ist eine Art Mausoleum mit Weinkeller, in dessen Garten die Eigentümer grillend die Ewigkeit zu verbringen gedenken. Sie sind nicht der geborene Outdoor-Typ und halten sich ungern an Orten auf, die nur per Seilbahn zu erreichen sind. Trotzdem möchte ich Ihnen den Ausflug ans Herz legen. Doch seien Sie vorsichtig: Neuankömmlinge werden in solchen Fällen gern zu unangenehmen Arbeiten wie Holzhacken verdonnert. So mancher Ferienhausbesucher hat dabei schon seine Würde oder mehr verloren (»Wem gehört diese Hand?«). Sie entgehen diesem Initiationsritual am besten, indem Sie sich möglichst schnell als Exzentriker zu erkennen geben, dessen Hobbys so schrill sind, dass man ihm bloß mit Verblüffung zusehen kann. Stellen Sie sich breitbeinig mit einer Staffelei vor dem Haus auf, um den Sonnenuntergang zu malen, oder komponieren Sie auf der Geige eine Natur-Sinfonie, in der Sie die Geräusche Ihrer Umwelt, vom Risotto-Blubbern in der Küche bis zum Röhren des Mähroboters, feinsinnig aufnehmen. Falls ein Schachbrett vorhanden ist, können Sie auch das ganze Wochenende damit verbringen, das legendäre Duell zwischen Fischer und Spasski nachzuspielen. Nichts flößt mehr Ehrfurcht ein als eine völlig abstruse Idee. Natürlich ist das asozial. Aber wollen Sie wirklich das Wochenende damit verbringen, den Geräteschuppen Ihres Gastgebers neu zu streichen?

KREATIVER EINSCHUB
Hier ist Platz für eine abstruse Idee.

MEINE WOCHE 19

Was von dieser Woche in Erinnerung bleiben soll:

Was ich lieber wieder vergesse:

MAI

**To do:
Gehaltserhöhung fordern**

Was Ihnen fehlt, ist Geld. Seit Jahr und Tag halten sich in Ihrem Haushalt Aufwand und Ertrag die Waage. Stets bleibt am Ende eine schwarze Null, die Ihnen trotzdem wie eine rote Zahl vorkommt. Ihr einziger Gewinn besteht in dem Weihnachtsnötchen, das Sie von Ihrer Großmutter bekommen, und Sie haben keine Ahnung, wo Sie einen frischen Sponsor auftreiben könnten, sollte die mittlerweile Hochbetagte wider Erwarten doch einmal ableben. Wie viele Menschen hierzulande denken Sie, dass sich Reichtum irgendwann schon von allein einstellen wird und nicht etwa durch Ehrgeiz und Fleiß erreicht wird, sondern mit Geduld. »In fünf Jahren fange ich mit dem Sparen an«, sagen Sie sich seit zwanzig Jahren. Mittlerweile hoffen Sie darauf, dass die

Rente bis zu Ihrer Pensionierung auf ein Krösus-Niveau erhöht wird oder einfach die ganze Welt zugrunde geht, sodass Sie als heiterer Apokalyptiker, der es ja schon immer gewusst hat, verenden können. Insgeheim zählen Sie immer noch darauf, dass Ihr alter Nachbar, dessen Kanarienvogel Sie damals zum Tierarzt gebracht haben, Ihnen in einem Anfall seniler Dankbarkeit sein ganzes Vermögen vermacht oder dass sich der Wert der antiquarischen Enzian-Postkarte plötzlich verzehnfacht. Und sonst gewinnen Sie halt im Lotto. Auch wenn Sie gar kein Lotto spielen. Seit Ihrer Kindheit ist Ihr Verhältnis zu Geld magischer Natur: Sie glauben, es allein kraft Ihres Wesens zu verdienen und vom Schicksal zu immensem Reichtum auserwählt worden zu sein. Nun. Sie sind tatsächlich auserwählt, jedoch nicht vom Schicksal, sondern von mir. Dank meiner Finanz-Therapie (als integraler Bestandteil des Wochen-Coachings) werden Sie Ihre Erträge innerhalb kürzester Zeit um ein Vielfaches vermehren, und ich meine damit nicht schon wieder ein Darlehen Ihrer Eltern, für das Ihr Vater seine Hüftoperation verschieben muss. Auch die in liebevoller Handarbeit hergestellten Buttermesser aus Kirschholz, die Sie auf dem Wochenmarkt anpreisen, können nicht die Lösung sein. Die Rede ist natürlich von Ihrem Job. Ich schlage vor, dass Sie sich um eine Gehaltserhöhung bemühen.

KREATIVER EINSCHUB
Stellen Sie die Entwicklung Ihres Einkommens grafisch dar.

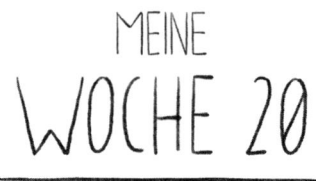

Was von dieser Woche in Erinnerung bleiben soll:

Was ich lieber wieder vergesse:

MAI

**To do:
Kündigen**

Sie lieben Ihre Arbeit, und zwar so sehr, dass Sie ihr auch am Wochenende frönen, und dies auch noch unbezahlt. Was Sie an dieser bodenständigen kleinen Bude so sehr mögen, ist ihr familiärer Charakter. Selbst der kaum volljährige Praktikant, der seit letztem Monat dort arbeitet, hat Sie vom ersten Augenblick an geduzt. Das finden Sie fast so merkwürdig wie die Tatsache, dass sein Gehalt exakt so hoch ist wie Ihr eigenes. Irgendwann wird die Sehnsucht nach neuen Ufern nur von der Furcht vor Veränderung übertroffen. Statt nach großen Umwälzungen zu verlangen, begnügt man sich mit bizarren Illusionen. Wie so viele leiden Sie gern öffentlich unter dem Stress auf der Arbeit und erzählen Bekannten davon, dass Sie in fünf, spätestens sieben Jahren dieses

Gut in der Provence kaufen werden, um endlich Ihren eigenen Wein zu keltern. Seit Jahren reden Sie und der Kollege mit den argentinischen Wurzeln auch davon, dieses Asado-Restaurant zu eröffnen, in dem Sie Grillgerichte nach echt südamerikanischer Art anbieten wollen. Es gibt Träume, die der reinen Tarnung dienen. Jeder Mensch braucht seine persönlichen Lebenslügen, die ihm dabei helfen, mehr oder weniger aufrecht durch die Jahre zu kommen. Doch wird die Lüge zum Problem, sobald sie echte Verletzungen überschminkt. Jahrelang haben Sie das Früchtebrot, das Sie zu Weihnachten bekommen haben, als eine besonders schmackhafte Gehaltserhöhung umgedeutet und sich gesagt, dass Geld keine Rolle spielt, wenn man seine Arbeit liebt. Die Wahrheit ist: Sie lieben Ihre Arbeit nicht. Sie hassen sie vielmehr. Sie hassen Ihren Chef und die verfluchten Weihnachtskarten, auf denen auch seine Frau, die vier Töchter und der Hund unterschreiben. Sie hassen dieses verdammte Früchtebrot, das so trocken ist, dass Sie jedes Jahr beinahe daran ersticken. Manchmal denken Sie: Schade, dass es nicht passiert ist. Sie hassen Ihren Arbeitsplatz, die Lieblingstasse und die fettige Tastatur, in der noch die Schuppen Ihres Vorgängers kleben. Und vor allem hassen Sie diesen miesen Scheißkerl von einem Praktikanten. Was soll ich sagen? Ich finde, Sie sollten sich eine neue Arbeit suchen.

KREATIVER EINSCHUB

Notieren Sie drei Sätze, die Sie Ihrem Chef oder Ihrer Chefin immer schon mal sagen wollten, und lesen Sie sie laut vor.

Was von dieser Woche in Erinnerung bleiben soll:

Was ich lieber wieder vergesse:

MAI

To do:
Sich selbstständig machen

Wenn man eine neue Arbeit sucht, sollte man ehrlich mit sich selbst sein. Mit anderen Worten: Sie müssen lernen, den Komplimenten Ihrer Mitmenschen zu misstrauen. Nur weil damals alle Ihr selbst gemachtes Roggenbrot gelobt haben, sollten Sie das nicht als Aufforderung verstehen, sofort eine Bäckerei zu eröffnen. Auch wenn es unlogisch klingt: Wenn Leute einem sagen, dass man sofort ein Restaurant aufmachen, eine Platte aufnehmen oder einen Kleidersalon ins Leben rufen solle, meinen sie in Wahrheit genau das Gegenteil. Man sollte ein warmes Wort unter Freunden nicht gleich als Imperativ des Schicksals verstehen, denn erstens pflegt das Schicksal nicht in Imperativen zu reden, und zweitens gibt es sowieso kein Schicksal. Auch mit sich selbst sollten Sie etwas weniger großzügig sein. Jeder sieht sich am Anfang einer glänzenden Karriere als Restaurator, wenn er mal eine durchgebrannte Glühbirne ersetzt hat. Wahre Größe besteht darin, es bei der Glühbirne zu belassen. Dasselbe gilt für das Geburtstagsgedicht in teilweise vierhebigen Jamben, das Sie für Ihren Onkel verfasst haben, und diesen Eintopf, den Sie an einem kreativen Sonntag erfunden haben, als Sie sich nicht entscheiden konnten, ob Sie nun eine Gulaschsuppe oder ein Thai-Curry kochen sollten, und am Ende einfach beides miteinander kombinierten. Zwar haben Sie auf der Geige schon beachtliche Fortschritte gemacht, trotzdem ist es noch zu früh für dieses Bandprojekt mit der finnischen Opernsängerin. Schuster, bleib bei deinen Leisten. Machen Sie das, was Sie immer schon gemacht haben, nur machen Sie es an einem Ort, wo Ihnen niemand auf die Nerven gehen kann. Will sagen: Machen Sie sich selbstständig. Ich helfe Ihnen dabei.

KREATIVER EINSCHUB

Kleben Sie hier etwas ein, das mit Ihrer Arbeit zu tun hat.

Was von dieser Woche in Erinnerung bleiben soll:

Was ich lieber wieder vergesse:

MAI / JUNI

To do:
Abschied vom alten Leben

Wer sich selbstständig macht, muss damit rechnen, dass sich niemand dafür interessiert. Die ersten Monate, wenn nicht gar Jahre, sind als reine Trainingseinheiten zu verstehen, die Sie nur darum überleben werden, da Ihnen Ihre Tante mütterlicherseits immer wieder den gleichen Auftrag gibt. Spätestens wenn Sie ihr zum dritten Mal in vier Jahren eine neue Küche einbauen oder die Fassade ihres Hauses schon wieder in einem neuen Ton streichen, sollten Sie darüber nachdenken, wie Sie frische Kundschaft akquirieren können. Der entscheidende Schlüssel zum Erfolg liegt dabei in einer überzeugenden Website. Daher sollten Sie diese besser nicht Ihrem Schwager überlassen, der schon die Internetseite eines Fleischfachverkäufers sowie eines Kindergartens eingerichtet hat, wobei nur Kenner die beiden Seiten auseinanderhalten können, sondern professionelle Hilfe suchen – auch wenn diese etwas kostet. In der Regel spart man immer am falschen Ort. Gleichzeitig investiert man gern in die falschen Dinge. Der Schreibtisch aus Mahagoni zum Beispiel muss nicht sein, genauso wenig wie die Visitenkarte aus Gold, die auf Berührung *It's lonely at the top* spielt. Und benötigen Sie für Ihre Arbeit als Grafiker wirklich diesen Traktor von John Deere? Die Faustregel lautet: Wenn nach fünf Jahren Selbstständigkeit bei der Google-Suche Ihres Namens noch immer als Erstes dieser Vogelexperte aus Mecklenburg-Vorpommern erscheint, wissen Sie, dass Sie gescheitert sind. Ich möchte noch mal an die goldene Maxime des Wochen-Coachings erinnern: Leidenschaft ist fiebrige Langsamkeit. Lassen Sie sich Zeit. Zelebrieren Sie die ungewohnte Freiheit, indem Sie erst um halb zwölf im Büro erscheinen, um schon eine halbe Stunde später wieder zum Lunch zu verschwinden. Überraschen Sie den Mann von der Bank, die Ihnen diesen surrealen Kredit genehmigt hat, mit einem Kuchen, den Sie selbst während der Arbeitszeit gebacken haben. Kaufen Sie sich endlich diesen Norwegerpulli. Da ist niemand mehr, der sich über Ihren heimlichen Hang zu gestrickter Biederkeit lustig machen könnte. Sie sind allein. Vielleicht zum ersten Mal in Ihrem Leben, abgesehen von jener Situation, als Ihnen während einer Solowanderung im schottischen Hochland plötzlich das Handy ausfiel. Eine neue berufliche Situation bedeutet auch, dass die Vergangenheit ein Stück weit irreal wird. Wie ein Berg, der allmählich im Nebel verschwindet. Genießen Sie das Verschwinden und sagen Sie Adieu zu Ihrem alten Leben.

KREATIVER EINSCHUB
Notieren Sie fünf Dinge aus Ihrem Arbeitsalltag, die Sie vermissen werden.

Was von dieser Woche in Erinnerung bleiben soll:

Was ich lieber wieder vergesse:

JUNI

To do:
Business im Freibad

Gott hat die Menschen nackt geschaffen, weil er schon ahnte, wie dämlich sie in Badekleidung aussehen. Erfahrungsgemäß trifft man im Freibad nur Menschen, mit denen man sich ungern leicht bekleidet unterhalten möchte. Meist ist es der Zahnarzt, bei dem man wenige Tage zuvor einen Termin zur Zahnreinigung hatte. Trotzdem eignen sich Freibäder perfekt dazu, neue Geschäftskontakte zu knüpfen. Hat man sich erst mal in Badekleidung gegenübergestanden, sind sämtliche Geheimnisse auf einen Schlag aus dem Weg geräumt. Stattdessen verbindet einen grundtiefe Ehrlichkeit, das ideale Fundament für eine seriöse Zusammenarbeit: Lächerlicher kann es nicht mehr werden. Das Freibad ist die Sauna für Menschen, die nicht in die Sauna gehen. Und auch hier können Sie etwas für Ihre Gesundheit tun. Aber seien Sie vorsichtig: Seit Ihren letzten Schwimmversuchen ist schon wieder ein Jahr vergangen. Sie sollten besser nicht sofort Ihren legendären Kilometer absolvieren, bei dem es sich in Wahrheit nur um extrem gestreckte zweihundert Meter gehandelt hat. Doch darf es schon etwas mehr als nur eine Bahn sein, Sie wissen genau, dass Ihre Behauptung, sich langsam zu steigern, nur eine Ausrede ist. Was aber macht man am besten, wenn man mit dem Schwimmen fertig ist? Sich sonnen? Unmöglich. Sie würden je nachdem sofort an Langeweile oder später an Hautkrebs sterben. Lesen? Ebenfalls unmöglich, denn Sie können sicher sein: In dem Augenblick, da Sie sich in Ihr Buch vertieft haben, bekommen Sie einen Fußball ins Gesicht. Und wenn es kein Fußball ist, einen Volleyball oder einen Tischtennisball. Oder es fordert Sie ein älterer Herr freundlich dazu auf, nicht mehr länger in seinem Schrebergarten zu lesen und ins gegenüberliegende Freibad zurückzukehren. Es bleibt Ihnen nichts anderes übrig, als mit dem Strom zu schwimmen und dasselbe zu tun wie alle anderen: essen. In progressiven Städten ist das kulinarische Angebot in Freibädern mittlerweile so divers und saisonal, dass es selbst Gourmetrestaurants in den Schatten stellt. Im Grunde sind Freibäder heutzutage Speiselokale mit kleinem Nassbereich. Nach ein paar Stunden treffen Sie beim Bulgur-Stand einen alten Bekannten, mit dem Sie vor Jahren zwei Semester Medienwissenschaften studiert haben und der sich sehr für Ihre Business-Idee interessiert. Er trägt eine kanariengelbe Badehose mit Flamingo-Motiven. Sie sollten diesen potenziellen Geschäftskontakt für einen der nächsten Tage zum Grillen einladen.

KREATIVER EINSCHUB
Hier ist Platz für ein Mitbringsel von Ihrem letzten Freibadbesuch.

Was von dieser Woche in Erinnerung bleiben soll:

Was ich lieber wieder vergesse:

JUNI

**To do:
Grillparty**

Hat sich der zeitgenössische Mensch mitteleuropäischer Prägung das ganze Jahr hindurch im Griff, brechen während einer Grillparty alle Dämme. Es ist so, als würde allein der Gedanke an ein rohes Stück Fleisch, das über dem Feuer röstet, den Menschen innerlich und äußerlich zum Neandertaler werden lassen. Das beginnt mit der Wahl der Garderobe. Niemand kennt den Dresscode einer Grillparty, was natürlich daran liegt, dass es keinen gibt. Nackt würde am besten zum Fleisch passen, jedoch nicht zu Ihrem Bekannten aus dem Freibad, den Sie samt Frau und Kindern zu sich eingeladen haben. In ihrer Ratlosigkeit entscheiden sich viele für eine Mischung aus dem Batik-Hemd, das sie im letzten Sommerurlaub jeden Tag getragen haben, und einem Blazer, in dem man sie auch in der Oper trifft. Das Ganze runden sie mit der Schirmmütze der Engadiner Bergbahn ab, die sie vor Jahren beim Minigolf gewonnen haben. Die Entgleisung setzt sich fort bei der Gestaltung der Gartenlandschaft. Nachdem die meisten es gemäß dem Motto »Weniger ist mehr und nichts ist alles« bei einer Hollywoodschaukel, die sie mangels Aufhängemöglichkeiten einfach auf den Boden gestellt haben, und ein paar völlig verrosteten Gartenstühlen aus der Prä-Rattan-Zeit belassen, entdecken andere am Nachmittag vor der Party ihre kreative Ader. Mit den Worten »Ich geh schnell was zusammenschweißen« verschwinden sie in der Werkstatt. Letzten Endes sind das alles nur Umwege, die, genau wie das Wagyū-Steak, das angeberisch auf dem Grill brutzelt, von einer empfindlichen Schwachstelle ablenken sollen: ihnen selbst. Selbstzweifel ist der Stachel im noch blutigen Fleisch eines jeden Gastgebers. Er ist der Grund, warum er seine Wohnung, bevor der Besuch eintrifft, bis zu vier Mal generalreinigt, obwohl man den ganzen Abend im Garten sitzt. Meine Empfehlung lautet: Vergessen Sie die Selbstzweifel und stellen Sie sich eine weitaus wichtigere Frage als jene, ob das Mango-Aroma in Ihrer Florida-Soße auch genug durchdringt, nämlich: Habe ich Lust auf eine Grillparty mit Leuten, die ich überhaupt nicht kenne?

KREATIVER EINSCHUB
Kreieren Sie eine Soße, die künftig bei keinem Barbecue mehr fehlen darf, und notieren Sie hier das Rezept.

MEINE WOCHE 25

Was von dieser Woche in Erinnerung bleiben soll:

Was ich lieber wieder vergesse:

JUNI

**To do:
Urlaub buchen**

Die Grillparty war ein voller Erfolg. Jetzt dürfen Sie getrost mit Ihrer neuen Liebe in den wohlverdienten Urlaub abrauschen. Doch bevor Sie wieder ein Zimmer in einer Pension buchen, die so weit vom Meer entfernt liegt, dass Sie Ihre Ferien stattdessen am örtlichen Tümpel verbringen, sollten Sie sich vergangene Urlaubsirrtümer in Erinnerung rufen. So war es keine gute Entscheidung, einen ganzen Monat lang auf dem Rad durch Holland zu fahren. Nach der ersten Woche wurden die körperlichen Schmerzen allein vom Gefühl existenzieller Langeweile übertroffen. Als Mitte der zweiten Woche die Gangschaltung Ihres Leihrads kaputtging, weinten Sie Tränen der Erleichterung. Auch die Kreuzfahrt zu den Bahamas entpuppte sich nicht als jener exotische

Traum, den Ihnen das Reisebüro versprochen hatte. Am Anfang übergaben Sie sich wegen des Wellengangs, später wegen des musikalischen Rahmenprogramms – und dann wieder wegen des Wellengangs. Alle vier oder fünf Jahre brechen Sie mit großem Getöse zum Jakobsweg auf. Jedes Mal kommen Sie nicht weiter als bis ins Nachbardorf, wo Sie im Restaurant Hirschen völlig ausgehungert das Tagesmenü verzehren und dazu eine Flasche Roten leeren, worauf Sie höchst zufrieden wieder nach Hause fahren. Zuhause ist es doch am schönsten. Dieser Satz trifft zumindest für Ihr Zuhause nicht zu. Das mussten Sie in jenem Sommer feststellen, den Sie damit verbrachten, alte *Columbo*-Folgen zu schauen. Das könnte Ihnen wieder passieren. Schlimmer noch: Sie könnten einen Rückfall erleiden und wieder zur Dreikönigskrone greifen. Man verreist, um sich selbst ein wenig zu vergessen. Das gilt auch für Ihre Wünsche. Darum sollten Sie die Wahl der Urlaubsdestination besser Ihrer neuen Liebe überlassen.

KREATIVER EINSCHUB
Der schrecklichste Urlaub Ihres Lebens (in Wort und Bild)

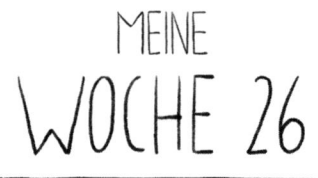

MEINE WOCHE 26

Was von dieser Woche in Erinnerung bleiben soll:

Was ich lieber wieder vergesse:

JUNI / JULI

To do:
Urlaub im Paradies

Weiß der Mensch die Flut zu nutzen, hebt sie ihn zum Glück empor. Seit drei Tagen befinden Sie sich in diesem verschlafenen Fischerdorf, das Ihnen eine weitgereiste Bekannte Ihrer neuen Liebe empfohlen hat, und diese Grimasse aus Weltschmerz und Hysterie, die Sie seit Jahren mit sich herumtragen, ist bereits dem friedfertigen Grinsen purer Lebensfreude gewichen. Sie hausen in einer charmanten Pension, wo außer Ihnen nur noch ein ältliches Paar aus Holland residiert, das seit Jahren zum Wandern in diese Breitengrade kommt. Beim Frühstück entwickelt sich sogleich ein angeregtes Gespräch über Käsesorten von einem Tisch zum anderen. Der Mann wurde im April ein zweites Mal an der Hüfte operiert. Scheinen sehr nette Leute zu sein. Zum

Strand sind es nur fünf Minuten, wo Sie sich mutterseelenallein im Angesicht der Meereswogen wiederfinden. »Wo findet man denn heutzutage noch einen menschenleeren Strand?«, wiederholen Sie immer wieder, gefolgt von »Was haben wir ein Glück!«. Als Sie Ihren Körper zum ersten Mal ins angenehm kalte Wasser gleiten lassen, kommt es Ihnen so vor, als hätten Sie endlich das Element gefunden, das Ihrem Wesen entspricht. So übermütig sind Sie gar, dass Sie beim Anblick der teils meterhohen Wellen davon sprechen, wieder mit dem Surfen anzufangen. In unmittelbarer Nähe befindet sich eine kleine Kapelle aus dem 15. Jahrhundert, die Sie genauso gierig besuchen wie jenes pittoreske Restaurant am alten Hafen, auf dessen Karte nur der Fangfisch des Tages und eine Handvoll Kartöffelchen stehen. Mit anderen Worten: Sie sind im Paradies angekommen. Oder wie Sie es Ihrer Liebe gestern Abend mit raunender Stimme erklärt haben: »Hier möchte ich begraben werden.« Was soll ich sagen? Genießen Sie es.

KREATIVER EINSCHUB

Kleben Sie hier einen Schnappschuss aus Ihrem letzten Urlaub ein, der zur Bildlegende »Hier möchte ich begraben werden« passt.

MEINE WOCHE 27

Was von dieser Woche in Erinnerung bleiben soll:

Was ich lieber wieder vergesse:

JULI

To do:
Urlaub im Paradies II

Nach einer Woche Strandurlaub ahnt man unbestimmt, dass man die Ewigkeit vielleicht doch woanders verbringen möchte. Mittlerweile haben Sie alle fünf mitgebrachten Kriminalromane ausgelesen sowie die beiden Liebesschnulzen, die Sie in der Pensionsbibliothek gefunden haben. In der Kapelle haben Sie schon drei Mal das Orgelkonzert um 18 Uhr besucht, doch erst gegen Ende des letzten Besuchs realisierten Sie, dass es jedes Mal das gleiche war. Auch das Angebot im pittoresken Hafenrestaurant variiert nur begrenzt, und nachdem Sie eines Abends den Kellner nach einer anderen Beilage als den immer gleichen Kartöffelchen fragten, serviert er Ihnen den Fangfisch *nature*. Wo auch immer Sie hingehen, überall treffen Sie auf das holländische

Rentnerpaar, sei es am Strand, in der Kapelle oder dem pittoresken Hafenrestaurant. Und sogar als Sie beschließen, das örtliche Museum zu besuchen, das im Grunde aus nicht mehr als einem Stein besteht, der die Eigenwilligkeit der Bevölkerung symbolisiert, trafen Sie die beiden schon an der Kasse. Das Meer ist doch etwas kalt, um es länger als ein paar Sekunden darin auszuhalten und seit Sie von einer Welle schmerzhaft zu Boden gerissen wurden, bleiben Sie lieber an Land, wo Sie es sich zur Aufgabe gemacht haben, den Strand kilometerweit nach Müll abzusuchen, der von Touristen liegen gelassen wurde. Je mehr leere Lucky-Strike-Schachteln Sie finden, desto mehr verwandelt sich Ihr anfänglicher Furor in ein Gefühl religiöser Ekstase. Ich finde, es ist Zeit für einen Ausflug ins Hinterland.

KREATIVER EINSCHUB

Kleben Sie hier einen Schnappschuss aus Ihrem letzten Urlaub ein, der zur Bildlegende »Auch das Angebot im pittoresken Hafenrestaurant variiert nur begrenzt« passt.

Was von dieser Woche in Erinnerung bleiben soll:

Was ich lieber wieder vergesse:

JULI

To do:
Urlaub im Paradies Abspann

Als Sie nach viereinhalbstündiger Busfahrt endlich bei dem Amphitheater ankommen, ist es wegen Renovierung geschlossen. Dafür ist der Museumsshop geöffnet, in dem Sie sich mit Postkarten, bedruckten T-Shirts und Olivenölflaschen eindecken. Auf der Informationstafel erfahren Sie, dass der nächste Bus zurück erst in vier Stunden fährt. Also wollen Sie einen Spaziergang durch den Ort machen, müssen das Unterfangen jedoch aufgrund der schweren Souvenirtaschen schon nach wenigen Metern abbrechen. Sie haben seit dem Frühstück nichts mehr zu sich genommen, und das einzig Essbare, das Sie auf die Schnelle auftreiben können, ist der steinharte Lebkuchen aus dem Museumsshop. Eben noch teilten Sie sich im pittoresken Hafenrestaurant mit verklärtem Blick und nur einem Löffel eine

Panna cotta, und nun müssen Sie fassungslos mitansehen, wie Ihre neue Liebe den steinharten Lebkuchen in drei gierigen Bissen verschlingt. Von einem Gemeinschaftsgrab ist jetzt nicht mehr die Rede. Abends im Restaurant sitzen Sie sich schweigend gegenüber und schauen immer wieder erwartungsvoll zur Tür, so als hofften Sie, es käme gleich jemand Interessantes herein. Doch meist ist es nur das holländische Rentnerpaar. Tagsüber geht jeder seiner eigenen Wege. Ihre Liebe flüchtet zur Kapelle, während Sie den Strand immer verbissener nach Müll absuchen. Seit Neuestem sind Sie stolzer Besitzer einer Abfallzange, mit der man Sie schon frühmorgens durch den Sand pilgern sieht. Als Sie neulich diese Gouda-Verpackung gefunden haben, bekamen Sie einen Tobsuchtsanfall. Früher oder später münden Urlaube immer in einer Form von Wahnsinn. Zum Glück ist er jetzt zu Ende.

KREATIVER EINSCHUB

Kleben Sie hier einen Schnappschuss aus Ihrem letzten Urlaub ein, der zur Bildlegende »Früher oder später münden Urlaube immer in einer Form von Wahnsinn« passt.

Was von dieser Woche in Erinnerung bleiben soll:

Was ich lieber wieder vergesse:

JULI

To do:
Entspannte Rückkehr zur Arbeit

Am Montagmorgen sind Sie bereits um halb fünf im Büro. Um halb sieben haben Sie sämtliche E-Mails beantwortet, wozu auch Newsletter gehörten sowie alle Nachrichten, die im Spam-Ordner gelandet sind. Als ein Geschäftspartner um neun zu einer Sitzung vorbeikommt, begrüßen Sie ihn mit den Worten: »Es war der Hammer.« Danach zeigen Sie ihm die Abfallzange. In leuchtenden Farben erzählen Sie ihm von der Kapelle aus dem 15. Jahrhundert und dem Hafenrestaurant mit fünf Michelin-Sternen. »Eine winzige Karte«, schwärmen Sie. »Eine Handvoll Kartöffelchen.«. »Und die anderen Touristen?«, will der Geschäftspartner wissen. »Nur ein Rentnerpaar aus Holland. Sehr nette Leute.« In der Mittagspause gehen Sie joggen, um, wie Sie Ihrem Partner erklären, nach all den lukullischen Mahlzeiten der vergangenen Wochen etwas für Ihre Linie zu tun. Aus demselben Grund lassen Sie auch das Abendbrot ausfallen. Um zehn kehren Sie noch mal ins Büro zurück, um nachzusehen, ob bereits jemand auf eine der 150 E-Mails geantwortet hat. Kurz nach Mitternacht werden Sie mit Blaulicht ins Krankenhaus eingeliefert. Sie tragen Ihre Jogginghose und wollen vom Notarzt als Erstes wissen, ob es in der Herzchirurgie WLAN gebe. Es ist kein Zufall, dass sich immer mehr Burn-outs unmittelbar nach einem Urlaub ereignen. Daher wäre es gesünder, man würde das entspannte Lebensgefühl der vergangenen Tage mit auf die Arbeit nehmen, womit nicht gemeint ist, dass man den Tag schon mit einem Caipirinha beginnt oder auch im Büro in Flipflops und Hawaii-Hemd erscheint. Auch sollte man gar nicht erst versuchen, jene Gerichte nachzukochen, die einem dort so gut geschmeckt haben, oder sich wirklich die CD anzuhören, die man bei diesem unglaublich talentierten Straßenmusiker gekauft hat. Vielmehr geht es darum, alles mit derselben fiebrigen Langsamkeit zu erledigen, in der Sie an jenem Nachmittag am Strand die Muscheln geschlürft haben. Alles geht leichter, wenn man dabei ans Meer denkt. Gar nicht so einfach, wenn sich direkt vor dem Fenster ein Netto Marken-Discount befindet. Trotzdem sollten Sie es versuchen. Und wenn Sie sich wieder entspannt haben, sollten Sie sich mit Ihrer Liebe versöhnen.

KREATIVER EINSCHUB
Nennen Sie fünf Dinge, die zuhause besser sind als im Urlaub.

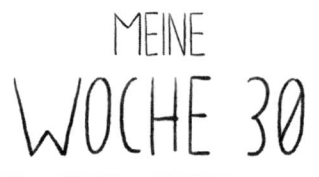

Was von dieser Woche in Erinnerung bleiben soll:

Was ich lieber wieder vergesse:

JULI

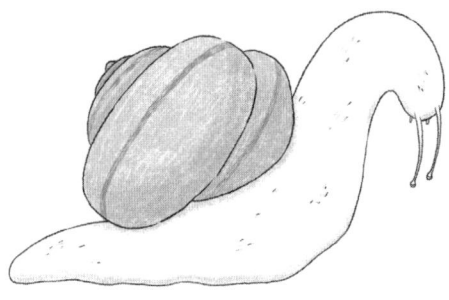

To do:
Die Liebe zu neuen Ufern führen

Die meisten Anstrengungen, die man unternimmt, um eine Beziehung zu retten, führen in der Regel bloß dazu, sie noch schneller zu beerdigen. Ein romantisches Abendessen ist sicher eine gute Idee. Dass Sie dafür jedoch ausgerechnet ein pittoreskes Fischrestaurant mit kleiner Karte auswählen (»Schau mal, es gibt Kartöffelchen.«), wirkt latent vorwurfsvoll und deutet darauf hin, dass die Urlaubserlebnisse für Sie eben noch nicht »Schnee von gestern« sind. Auch wirkt verdächtig, mit welcher Hartnäckigkeit Sie »Ich liebe dich« sagen, eine Wendung, die Sie bis dato erst zweimal verwendet haben, wobei Sie es beim ersten Mal ironisch meinten und beim zweiten betrunken waren. Versuchen Sie nicht, Ihre Zweifel in besonders viel Pathos zu ersticken. Dies ist nicht der Zeitpunkt für einen Heiratsantrag mit Big Band und Gesang. Eine Interpretation des Hochzeitsmarschs auf der Geige könnte das endgültige Aus für Ihre Beziehung bedeuten. Es gibt Paare, die kehren in Krisenzeiten an den Ursprung ihrer Romanze zurück, wobei ihnen die Musik auf diesem Dark-Metal-Festival im schottischen Hochland diesmal viel zu laut vorkommt, im Jacuzzi auf Ibiza zu viele russische Geschäftsmänner sitzen und es in ihrem romantischen Taubenschlag inmitten der Prager Altstadt nach Schweißfüßen riecht. Eine Beziehung ist wie Lots Frau, die beim Blick zurück zur Salzsäule erstarrte. Sie mögen vielleicht nicht an Gott glauben, doch glauben Sie wenigstens an mich, ihren Wochen-Coach, und hören Sie auf meine Worte: Gehen Sie weiter. Gehen Sie nicht auf diese Kutschfahrt durch den Schwarzwald und auch nicht zum Konzert der Fantastischen Vier, auch wenn Sie Backstage-Pässe organisiert haben (vor allem nicht, wenn Sie Backstage-Pässe organisiert haben). Was beim ersten Mal Ihre Eintrittskarte ins Paradies war, wäre jetzt der letzte Nagel zu Ihrem Sarg. So nahe liegen Himmel und Hölle in der Liebe beisammen. Gehen Sie also weiter, immer weiter, neuen Abenteuern entgegen. Ich bin gespannt, wohin es Sie treibt.

KREATIVER EINSCHUB

Notieren Sie eine Nachricht aus der Anfangszeit Ihrer Beziehung und eine aus der Gegenwart: Finden Sie die Unterschiede.

Was von dieser Woche in Erinnerung bleiben soll:

Was ich lieber wieder vergesse:

JULI / AUGUST

To do:
Eine gemeinsame Herausforderung suchen

Das Neue wird gern mit dem Unangenehmen verwechselt. Wenn es in der Beziehung harzt, glaubt man, gemeinsam ein Abenteuer bestehen zu müssen, das dem Unbehagen, wenn man abends schweigend nebeneinander im Bett liegt, etwas entgegensetzt. Mit anderen Worten: Vielleicht kann man nicht mehr miteinander sprechen, aber noch gemeinsam kochen. Dies aber ist ein Irrglaube, der auf der fälschlichen Annahme beruht, dass der Mensch ab dem dreißigsten Lebensjahr noch zu irgendwelchen Veränderungen, die nicht unmittelbar mit einem E-Bike zu tun haben, in der Lage wäre. »Challenge« nennt man heute diese Form der Herausforderung, zu der man früher sehr viel ehrlicher Sisyphusarbeit gesagt hat. Man rettet keine Beziehung, indem man gemeinsam eine Espuma zubereitet, man zerstört sie vielleicht irreparabel. Das gilt auch für das getöpferte Herz aus dem Keramikkurs, das als hämisch feixender Gnom aus dem Ofen kommt. Es heißt, mit Humor gehe alles leichter, das gilt jedoch nicht für den Tanzkurs *Jive, Foxtrott, Cha-Cha-Cha*. Viele Paare überkommt in der Krise ein heftiger Bewegungsdrang, weshalb sie zu ihrem eigenen Erstaunen plötzlich in irgendeinem Hochmoor herumwandern. Andere kaufen sich ein Tandem, womit sie, nach einer kurzen Entdeckungsrunde im Viertel, direkt zum Scheidungsanwalt fahren. Vielleicht sollten Sie sich eine Beschäftigung suchen, bei der die Untiefen Ihres Charakters im Verborgenen bleiben. Denn gerade diese sind es ja, die Ihnen im Moment so auf die Nerven gehen. Vielleicht suchen Sie sich eine Challenge von kollektiver Bedeutung, deren Relevanz das Gefühl der eigenen Irrelevanz scheinbar spurlos vergessen macht. Vielleicht sollten Sie sich politisch engagieren.

KREATIVER EINSCHUB

Notieren Sie zehn Dinge, die Sie überhaupt nicht können (und auch nicht können wollen).

Was von dieser Woche in Erinnerung bleiben soll:

Was ich lieber wieder vergesse:

AUGUST

To do:
An einer Demo teilnehmen

Ihr politisches Engagement hat sich bislang in Grenzen gehalten. Dass Sie sich trotzdem für einen schlummernden Che Guevara halten, liegt an den Brandreden, die Sie bisweilen zu später Stunde unter Freunden halten, wobei Sie dabei meist betrunken sind und sich thematisch auf Parkplätze und vegetarische Ernährung konzentrieren. Wenn Sie wählen gehen, fühlen Sie sich als wahrer Demokrat. Wenn Sie zuhause bleiben, als Anarchist. Und als Sie damals den Stimmzettel verloren, bezeichneten Sie es als »Nihilismus im Nietzscheanischen Sinne«. Jahrzehntelang waren Sie Mitglied bei WWF, aber nur, weil Ihnen Ihre Patentante die Mitgliedschaft zum neunten Geburtstag geschenkt hatte und Sie zu faul waren, sie später zu beenden. Den Politik-

Teil der Zeitung legen Sie zur Seite, um ihn in einer ruhigen Minute zu lesen, womit wahrscheinlich die Zeit nach Ihrem Ableben gemeint ist. Einerseits zählen Sie auf die Weisheit des Alters, andererseits reden Sie davon, dass allein die Jugend unsere Welt noch retten könne. Für Verschwörungstheorien sind Sie zwar nicht sonderlich empfänglich, trotzdem glauben Sie, dass Bill Gates mehr weiß als alle anderen. Da Sie mit Demonstrationen wenig Erfahrung haben, möchte ich Ihnen hier einige Stichpunkte mit auf den Weg geben: Laufen Sie weder ganz vorne noch ganz hinten mit. Im ersten Fall würden Sie ein leichtes Opfer für Gummischrot und Wasserwerfer. Im zweiten könnten Sie den Anschluss an die Gruppe verlieren, was hysterisches Telefonieren (»Wo seid ihr? Ich höre Musik.«) und peinliches Nachfragen bei Passanten (»Wissen Sie, wo die Demo ist?«) nach sich zöge. Beim Singen von Parolen gilt es im richtigen Moment zu verstummen, um nicht plötzlich der Einzige unter 2000 schweigenden Demonstranten zu sein, der leidenschaftlich »Bullenschwein, fick dich ins Bein!« grölt (Gummischrot). Sollten Sie ein Plakat malen wollen, achten Sie bitte darauf, dass der Text zum Anlass passt und den Umfang eines Satzfragmentes à la »Klimawandel stopp« nicht überschreitet. Mit der Enthüllung der gereimten Liebeserklärung, die Sie auf die Rückseite Ihres Plakats gemalt haben, würde ich zumindest so lange warten, bis die Wirkung des Tränengases nachgelassen hat. Wenn Sie meine Ratschläge getreulich befolgen, werden Sie nicht nur das Klima retten, sondern auch Ihre Beziehung.

KREATIVER EINSCHUB
Hier ist Platz für Ihre politische Message.

MEINE
WOCHE 33

Was von dieser Woche in Erinnerung bleiben soll:

Was ich lieber wieder vergesse:

AUGUST

**To do:
Networking**

Eine Weiterbildung kommt immer dann, wenn man sie am wenigsten gebrauchen kann. Sie haben sich für diesen Workshop zum Thema »Networking« einzig und allein wegen der Übernachtung im mondänen Chateau Bijou entschieden und dabei das nachmittägliche River Rafting bis zum letzten Augenblick verdrängt. So kommt es, dass Sie jetzt zusammen mit zehn testosterongeladenen und schon leicht angetrunkenen Mittvierzigern, die es sich und der Welt noch mal beweisen wollen, in diesem Schlauchboot sitzen und einen Wildwasserkanal herunterstürzen. Es handelt sich um eine der Situationen, die Sie, genau wie das ungesicherte Klettern im Hochgebirge oder den Besuch einer Paintball-Halle, immer um jeden Preis vermeiden wollten. Ich habe vor zwei Wochen schon über Grenzen gesprochen. In jungen Jahren mag deren Unkenntnis noch als Verwegenheit gelten. Je älter man wird, desto mehr erscheint sie als Dummheit. Gleichzeitig hat man sich ab einem gewissen Alter auch so sehr an seine Grenzen gewöhnt, dass deren Überschreitung völlig unmöglich erscheint. Dass man sich auch in Ihrem Alter noch täuschen kann, empfinden Sie als genauso wenig tröstlich wie das Barbecue, das im Anschluss direkt am Flussufer stattfindet. Noch Stunden später sind Sie von der Anstrengung so mitgenommen, dass Sie sich während des Referats mit dem Titel *From zero to one* kaum noch auf dem Stuhl halten können. Noch vor Mitternacht gehen Sie ins Bett. Um halb zwei weckt man Sie für den Fackellauf. Wenn Sie das nächste Mal etwas erleben wollen, gehen Sie lieber allein ins Gourmetschloss. Ohne Netzwerk.

KREATIVER EINSCHUB
Notieren Sie drei Situationen, die Sie niemals erleben wollen.

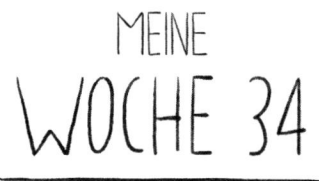

Was von dieser Woche in Erinnerung bleiben soll:

Was ich lieber wieder vergesse:

AUGUST

**To do:
Großmutter besuchen**

Kaum haben Sie sich von den Strapazen der Weiterbildung einigermaßen erholt, erfahren Sie, dass Ihre Großmutter einen Schlaganfall hatte. Genau wie die vorherigen fünf hat sie ihn auf wundersame Weise überlebt. Sie sollten sie besuchen und es nicht wie beim letzten Mal bei einer aufmunternden Mailbox-Nachricht belassen, zumal Ihre Großmutter das Handy sowieso nur noch benutzt, um die gesammelten Ostergrüße von Johannes Paul II anzuhören, die Ihr Cousin für sie heruntergeladen hat. Wenn Sie das Altersheim betreten, sollten Sie nicht die Geschmacklosigkeit vieler Besucher wiederholen und durch unablässiges Pfeifen, Juchzen und Springen den Abstand an Vitalität zwischen Ihnen und den Bewohnern zum Ausdruck bringen. Ebenso wenig sollten Sie aus lauter Mitgefühl ein rheumatisches Hinken simulieren. Damit verhöhnt man nicht nur die Gebrechen des Alters, sondern läuft auch Gefahr, gleich für die Seniorengymnastik dabehalten zu werden. Das Alter kommt schnell genug. Sie müssen es nicht künstlich herbeirufen. Gerade jüngere Menschen lassen es gern etwas an sprachlicher Genauigkeit vermissen, weshalb sie ihre hochbetagten Verwandten unmittelbar nach einem überstandenen Herzinfarkt auch mal mit einem flapsigen »Fit?« begrüßen. Auch das können Sie sich merken: Ihre Großmutter ist nicht fit. Ihre Großmutter ist so gut wie tot. Das ist jedoch noch lange kein Grund, die alte Dame permanent daran zu erinnern, indem man sie um Ideen für das Leichenmahl bittet oder ihr einen Grabstein-Katalog auf den Nachttisch legt. Für die einen ist der Tod nicht mehr als eine Legende aus einer anderen Zeit. Für die anderen ist er eine Wirklichkeit, die bereits drohend um die Ecke lugt. In beiden Fällen geht er auf die Nerven, was der Grund ist, warum alte Leute immer seltener Besuch bekommen und von ihren Verwandten so behandelt werden, als wären sie ein Möbelstück, das man demnächst auf eBay zu verkaufen gedenkt. Natürlich haben Sie Angst vor dem Tod, doch sie wird dadurch nicht kleiner, wenn Sie Ihre Großmutter kritisieren, weil sie nicht auf diese Dreitageswanderung im Rothaargebirge mitkommen möchte. Ihre Großmutter hat den Tod nicht erfunden. Irgendwann ist der Mensch nur noch eine Ansammlung grotesker Eigenschaften, die langsam verblassen. Im Grotesken selbst liegt jedoch auch die Einzigartigkeit des Lebens begründet. Einen Menschen wie Ihre Großmutter wird es nie wieder geben. Viele werden noch auf diesem Stuhl im Altersheim sitzen, und sehr viele werden dabei so einen geblümten Faltenrock tragen, und trotzdem wird keine wie Ihre Großmutter sein. Denken Sie daran.

KREATIVER EINSCHUB
Kleben Sie hier ein Bild Ihrer Großmutter ein.
Was haben Sie von ihr gelernt?

Was von dieser Woche in Erinnerung bleiben soll:

Was ich lieber wieder vergesse:

AUGUST / SEPTEMBER

**To do:
Würdevoll verlassen werden**

Politisches Engagement kann scheinbar nicht alles retten. Ihre Liebe hat Schluss gemacht. Erst sprach sie nur von einer Pause, später stellte sich heraus, dass diese Pause offenbar langfristiger Natur ist. »Vielleicht kommen wir ja im hohen Alter wieder zusammen«, sagte sie, genau wie »Lass uns Freunde bleiben« und »Du hast etwas Besseres verdient«. Bei der letzten Bemerkung handelt es sich um einen Klassiker, der in Trennungsmomenten gerne herangezogen wird und dabei das genaue Gegenteil bedeutet: Ich habe etwas Besseres verdient, nämlich einen Menschen, der nicht mit einer Abfallzange auf Kellner losgeht. Erst zeigten Sie Verständnis, ja, lobten gar die Entscheidung Ihrer Liebe als Akt der Vernunft, der Ihrer Beziehung nur guttun könne, zwei Minuten später drohten Sie jedoch bereits, aus dem Fenster zu springen – welches sich glücklicherweise im Erdgeschoss befand. Weitere zwei Minuten später machten Sie Ihrer Liebe einen Heiratsantrag. Es ist jetzt wichtig, dass Sie nicht die Beherrschung verlieren. In den ersten 24 Stunden nachdem sie verlassen wurden, leisten sich viele Menschen einen Großteil der Fehltritte, für die sie sich später vor Gericht rechtfertigen müssen. So sollten Sie etwa davon absehen, die Nacht vor dem Fenster Ihrer Liebe zu verbringen, während Sie Gedichte von Walther von der Vogelweide rezitieren, und schon gar nicht sollten Sie sich dabei auf der Geige begleiten. Es hat auch keinen Sinn, sich mit Ihrer Liebe zum Mittagessen zu treffen, um noch mal »über alles« zu reden. Seit der Trennung sind keine zwölf Stunden vergangen. Die Chance ist gering, dass sich in der Zwischenzeit etwas Neues ereignet hat. Wer Schluss macht, möchte eben gerade nicht eine halbjährige Weltreise mit einem unternehmen, keine 500 langstieligen Rosen bekommen oder vor der Wohnungstür von fünf Vermummten abgefangen und zu einem Waldstück gefahren werden, wo Sie ein Versöhnungs-Picknick mit allem Drum und Dran vorbereitet haben. Ihre Liebe möchte im Moment nicht mit Ihnen reden, weder über alles noch über nichts. Halten Sie sich daran. Zumindest bis nächste Woche.

KREATIVER EINSCHUB
Die besten Sätze, um eine Beziehung elegant zu beenden

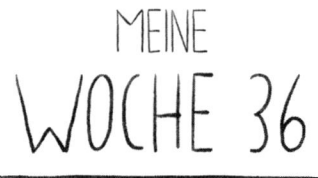

Was von dieser Woche in Erinnerung bleiben soll:

Was ich lieber wieder vergesse:

SEPTEMBER

**To do:
Nicht in Selbstmitleid ertrinken**

Wie so viele Menschen blühen Sie erst richtig auf, wenn die Liebe schon wieder vorbei ist. Der Liebeskummer lässt Sie in jener melodramatischen Stimmung schwelgen, die Sie an all den Netflix-Abenden zu zweit so schmerzhaft vermisst haben. Wenn es dunkel wird, brechen Sie zu ausgedehnten Spaziergängen auf, die Sie in die Banlieues der Stadt hinausführen, wo Sie stundenlang vor dem McDonald's herumirren, bis die Polizei Ihren Ausweis sehen will. Wasser übt im Moment eine magnetische Wirkung auf Sie aus. Wie hypnotisiert stehen Sie am Flussufer, und es liegt vielleicht allein an den Klängen von *La Cucaracha*, das ein langhaariger Lifestyle-Hippie auf der Gitarre anstimmt, dass Sie nicht in seine reißenden Fluten springen. Morgens erheben

Sie sich zu Mozarts Requiem. Danach taumeln Sie wie ein Angeschossener in die Küche, wo Sie ein Kilo Zwiebeln schälen, bis Sie ein einziger Sturzbach aus Tränen sind. Sie haben auch schon verschiedene Abschiedsbriefe angefangen, aber noch nicht die überzeugende Version gefunden. Der eine war mit seinen 42 Seiten zu lang. Der andere mit seinem lakonischen »Auf Wiedersehen« irgendwie zu kurz. Als Sie die angebrochene Packung Kellogg's Frosties finden, die Ihre verflossene Beziehung immer so gerne gegessen hat, beschließen Sie, im Baumarkt einen Strick zu kaufen. Dort verlieren Sie jedoch schnell die Orientierung, und da Sie nicht in der Lage sind, den Verkäufer zu fragen, wo denn hier die Stricke seien, erstehen Sie ein paar Glühbirnen. Sie sollten das als Zeichen verstehen: Es ist noch nicht an der Zeit, freiwillig aus dem Leben zu scheiden – schon gar nicht wegen einer Packung Frosties. Das Leben an sich ist schon sinnlos und lächerlich. Sie müssen nicht noch zusätzlich übertreiben. Außerdem wirkt Ihr Drama mit dem Titel *Der ärmste Mensch der Welt* irgendwie schal, ohne Zuschauer, die sich dafür interessieren. Ich finde, Sie sollten sich mal wieder mit Ihren alten Freunden treffen.

KREATIVER EINSCHUB

Erzählen Sie vom schlimmsten Liebeskummer Ihres Lebens und wie Sie heute mit der Person in Verbindung stehen.

Was von dieser Woche in Erinnerung bleiben soll:

Was ich lieber wieder vergesse:

SEPTEMBER

To do:
Alte Bekannte wiedersehen

Alle Ihre alten Freunde sind mittlerweile verheiratet und haben Kinder. Als Sie am Telefon dieses »Bierchen am Abend« vorschlagen, hören Sie, wie am anderen Ende der Leitung lange im Kalender geblättert wird, bevor mit zögerlicher Stimme »vielleicht irgendwann zwischen den Jahren« vorgeschlagen wird. Natürlich gibt es auch solche Freunde, die immer Zeit haben. Doch besteht bei diesen die Gefahr, dass sie zum Bierchen am Abend mit einem Mammut-Rucksack erscheinen, in dem sich nicht nur ihre Unterwäsche, sondern auch ihre Modellautosammlung befindet. Die meisten Freunde haben Sie jedoch einfach aus den Augen verloren. Dieselben Menschen, mit denen Sie eine Weile feierliche Nähe teilten, von denen Ihnen noch das intimste Detail vertraut war, sind heute nicht mehr als eine WhatsApp-Nachricht, die Sie seit Jahren nicht gelesen haben. Meist ereignete sich der Bruch unmittelbar im Anschluss an eine dreimonatige Brasilien-Reise, wovon Sie die letzten zwei Monate allein herumreisten, oder nach einer gemeinsamen WG-Zeit, an deren Ende Sie auf einer Leiter standen und mit pedantischer Gründlichkeit alle Glühbirnen herausschraubten, die Sie beim Einzug gekauft hatten. Niemand erinnert einen mehr an den Menschen, der man einmal war, als die Freunde von damals. Und vielleicht scheut man dieses Wiedersehen mit ihnen nach so langer Zeit, da man insgeheim fürchtet, immer noch auf dieser Leiter zu stehen und Glühbirnen herauszuschrauben. Und dann gibt es da noch Ihre beiden besten Freunde. Diese haben jedoch den Nachteil, dass sie Ihnen immer recht geben, selbst wenn sie sich dafür andauernd widersprechen müssen. Darum haben Sie ja mich. Ich weiß genau, was Sie hören wollen, und sage es Ihnen trotzdem nicht. Stattdessen sage ich die Wahrheit: Ich finde, Sie sollten jetzt dorthin gehen, wo Sie andere Menschen noch überraschen können. Und damit auch sich selbst.

KREATIVER EINSCHUB

Lassen Sie einen alten Freund oder eine alte Freundin an dieser Stelle eine Zeichnung machen.

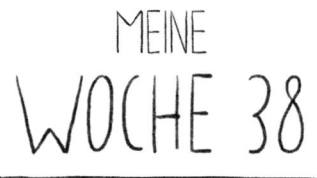

MEINE WOCHE 38

Was von dieser Woche in Erinnerung bleiben soll:

Was ich lieber wieder vergesse:

SEPTEMBER

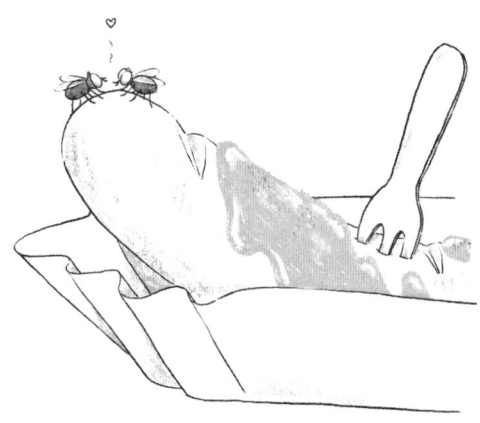

To do:
Neue Leute kennenlernen

Irgendwann lernt man neue Leute nur noch auf der Arbeit kennen. Seit Sie sich selbstständig gemacht haben, fällt auch diese Option weg, und bis zur nächsten Freibad-Saison dauert es noch eine Weile. Die Konsequenz ist ein gewisser sozialer Notstand, der sich etwa darin zeigt, dass Sie den Gasableser länger als nötig in Ihrer Wohnung aufzuhalten versuchen und den Polizisten, der Ihnen gerade eine Buße wegen Falschparkens aufgebrummt hat, kurzerhand auf ein Glas Wein einladen. Früher konnte man wie Sokrates auf der Straße mit Leuten ins Gespräch kommen. Heute würde Sokrates vermutlich sofort eingewiesen werden. Spontanität gilt gegenwärtig als terroristische Attacke auf die Entscheidungsfreiheit des Individuums, das allein jenes Gespräch goutieren kann, das fest eingeplant wurde. Die Grenze zwischen Meeting und freundschaftlichem Plausch verschwimmt, weshalb mittlerweile selbst ein Abendessen unter alten Bekannten der Dramaturgie einer PowerPoint-Präsentation folgt. Wenn aber nur geschehen kann, was vorher schon verabredet war, dreht sich die Welt im Kreis, und man bleibt nur noch unter seinesgleichen. Das Sozialleben wird wieder vielfältiger, wenn Sie alt genug sind, um guten Gewissens auf Kaffeefahrten zu gehen – sofern es Kaffeefahrten dann noch gibt. Und bis es so weit ist, empfehle ich, dass Sie sich etwas lockerer machen. Sie müssen nicht gleich am Karnevalsumzug teilnehmen, fürs Erste reicht es schon, wenn Sie sich unter kontrollierten Bedingungen unter Menschen begeben, die Sie nie zuvor gesehen haben. Wie wärs denn mit einer dieser Weinproben, die jetzt überall stattfinden?

KREATIVER EINSCHUB

Lassen Sie jemand völlig Unbekanntes an dieser Stelle eine Zeichnung machen. Vielleicht kommen Sie ja anschließend ins Gespräch.

MEINE WOCHE 39

Was von dieser Woche in Erinnerung bleiben soll:

Was ich lieber wieder vergesse:

SEPTEMBER / OKTOBER

**To do:
Weinprobe**

Wer Wein trinkt, freundet sich ein bisschen mit dem Tod an. Als echten Weinkenner oder gar Fanatiker möchte ich Sie aber nicht bezeichnen. Ihr Weinkeller besteht aus nicht mehr als einem Regal in der Küche, auf dem drei Flaschen stehen, wovon die eine im Grunde ein Kochwein ist. Außerdem gibt es noch die elf Flaschen sauren Pinot grigio in Ihrem Keller, die Sie einem verhutzelten Bäuerlein im Welschland allein aufgrund seines urigen Aussehens abgekauft haben. Und die 34 Flaschen Graševina, die Sie aus demselben Grund bei einem zahnlosen Seemann in Istrien erstanden haben. Zu wahrer Kennerschaft fehlt Ihnen die Geduld. Und vermutlich auch der Geschmack. Wie viele Menschen teilen Sie die Ansicht, dass Wein besser getrunken als erklärt werden sollte. Insgeheim finden Sie auch, dass Weißweine weltweit genau gleich schmecken und dass man einen guten Tropfen an der Tiefe der Mulde im Flaschenboden erkennt. »Je tiefer die Mulde, desto besser der Wein«, erklären Sie dem älteren Herrn, der bei der Weinprobe neben Ihnen sitzt, worauf dieser demonstrativ den Platz wechselt. Später trinken Sie sehr schnell sehr viel, was wohl der Grund sein mag, weshalb Sie sich diese Kiste Pinot noir aufschwatzen lassen, der im Moment noch etwas zurückhaltend schmeckt, in zehn, zwanzig Jahren jedoch perfekt sein sollte. Wein braucht Zeit. Das macht ihn so charmant. Die Frage ist nur, ob Sie diese Zeit haben. Sind all diese Flaschen in Ihrem Keller verheißungsvolle Reserven für eine glorreiche Zukunft oder viel eher melancholische Mahnmale verpasster Chancen? Mir scheint, Sie sind derzeit etwas einsam. Was Sie brauchen, ist Gesellschaft, die länger währt als für einen Abend. Was Sie jetzt brauchen, ist ein Haustier.

KREATIVER EINSCHUB
Halten Sie die Entwicklung Ihres Weinkonsums grafisch fest.

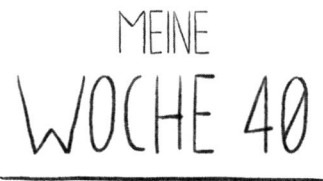

MEINE WOCHE 40

Was von dieser Woche in Erinnerung bleiben soll:

Was ich lieber wieder vergesse:

OKTOBER

To do:
Das passende Haustier finden

Ihre Beziehung zu Tieren war bis dato eher von Gleichgültigkeit geprägt. Wenn Sie im Fernsehen eine Tierdokumentation sehen, zappen Sie sofort weiter, selbst wenn auf den anderen Kanälen nichts als Teleshopping läuft. Im Moment käme Ihnen dieser anderthalbstündige Beitrag über das Paarungsverhalten von Zwergantilopen wie eine Zeitverschwendung vor. »Ich muss erst die Menschen verstehen, bevor ich mich den Tieren zuwenden kann«, lassen Sie sich gern zitieren. Wie so viele Menschen haben Sie schon zu viele Tiere verspeist, um nicht selbst in Gegenwart des ausgeglichensten Regenwurms eine leise Ahnung von Selbstverachtung zu spüren. Genau wie kleine Kinder erinnern Tiere Sie daran, dass Sie wohl doch kein so guter Mensch sind.

Darum gehen Sie seit Jahren nur noch in Begleitung Ihrer Großmutter in den Zoo, weil dabei das moralische Unbehagen durch den Charity-Aspekt aufgewogen wird. Vor Jahren hat Ihr damaliger Partner zwei Dänische Doggen mit in die Beziehung gebracht, die an der Tür scharrten, während Sie miteinander schliefen. Damals lernten Sie, dass Ihre animalische Liebe bestenfalls für ein paar Goldfische oder eine sehr alte Katze, die man während ihrer letzten Tage begleitet, ausreicht. Als Melancholiker schätzen Sie auch an Tieren vor allem ihre tragische Seite. So haben Sie Tränen geweint, als Sie mal das ohrenbetäubende Quieken von Schweinen auf dem Weg zur Schlachtbank hörten. Das hielt Sie jedoch nicht davon ab, nur zwei Stunden später zum Mittagessen Ihren Teller Schweinsragout bis zum letzten Bissen aufzuessen. Vom Wesen her sind Sie ein Abschiedsmensch. Für Ihren Geschmack sind die meisten Tiere jedoch zu wenig melancholisch. Im Grunde müssten Sie mit einem Uhu zusammenleben. Möglicherweise ist es auch gar nicht Zweisamkeit, wonach Sie momentan suchen, sondern Sinnhaftigkeit. Mit anderen Worten: Transzendenz. Ich schlage vor, dass Sie dorthin gehen, wo dergleichen am ehesten zu finden ist.

KREATIVER EINSCHUB
Verewigen Sie hier eine Spur Ihres Haustiers. Falls Sie kein Haustier haben, kann es auch die Spur eines anderen Tiers sein.

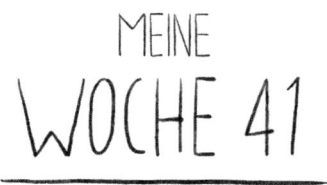

Was von dieser Woche in Erinnerung bleiben soll:

Was ich lieber wieder vergesse:

OKTOBER

To do:
Glaubensfragen

Genau wie Krankenhäuser sind Kirchen für Sie Orte, deren Besucher entweder tot sind oder es schon bald sein werden. Aufgrund des modrigen Geruchs fürchten Sie, sich mit einer Art Virus anzustecken, der genau wie die Darstellungen entrückt grinsender Heiliger an der Wand zur Standardausstattung eines Gotteshauses gehört. Insgeheim schätzen Sie an Religionen deren archaische Note, die mit Selbstgeißelung sowie Dornenkronen einhergeht, und nehmen es der modernen Kirche übel, dass man auf dem Weg zu Gott am Souvenirladen vorbeigehen muss. An Gottesdiensten nehmen Sie nur ironisch teil und schnappen sich zum Scherz ein Gesangbuch, um die Beschränktheit der Texte durch höhnischen Gesang ruchbar zu machen. Doch kaum haben Sie losgelegt, sind Sie der inbrünstigste Sänger im ganzen Kirchenchor. Das ist wohl auch der Grund, warum Sie, entgegen Ihrer langjährigen Ankündigung, noch immer nicht aus der Kirche ausgetreten sind. Genau wie bei TikTok oder der Fußball-Weltmeisterschaft möchten Sie auch bei Dingen, die Sie im Grunde verabscheuen, dabei gewesen sein. Wie die meisten Menschen fühlen Sie sich immer ein bisschen schuldig, wobei das Gefühl nur teilweise mit Ihrer eigenwilligen Methode der Mülltrennung zu tun hat, und sehnen sich nach Absolution. Die meisten Religionen haben jedoch den Nachteil, dass man diese erst nach dem Tod erhält. Praktischerweise hat der Mensch inzwischen Wege gefunden, sich selbst Absolution zu erteilen. Was früher mal unter Esoterik firmiert hat, läuft heute einfach unter Spiritualität, womit im Grunde alles gemeint ist, wofür man keine Kirchensteuer bezahlen muss. Probieren Sie es aus.

KREATIVER EINSCHUB
Hier ist Platz für Ihr Gebet (in welcher Form oder Farbe auch immer).

Was von dieser Woche in Erinnerung bleiben soll:

Was ich lieber wieder vergesse:

OKTOBER

To do:
Sich ins Lot bringen

Zumindest wenn es um die geistige Gesundheit ging, haben Sie immer zu den Fittesten gehört. Während die Leute um Sie herum scharenweise in Kliniken eingewiesen wurden, sind Sie ein steter Quell der Vernunft geblieben. »Ruhe bewahren« ist immer Ihr Lebensmotto gewesen, und selbst als bei diesem Flugzeug das Triebwerk ausfiel, und sich das Flugperson mit bebender Stimme erkundigte, ob unter den Passagieren zufälligerweise jemand den Flugschein habe, waren Sie der Einzige, der weiterhin seelenruhig das Lunch-Menü (Tortelloni Alfredo mit Suppe und Salat) verzehrte. Es gibt nichts, was sich nicht durch eine heiße Suppe oder einen langen Spaziergang wieder ins Lot bringen ließe, haben Sie stets behauptet. Sie haben recht. Trotzdem sollten Sie wachsam bleiben. Wenn der lange Spaziergang etwa schon morgens um halb drei beginnt, sollte Ihnen das ebenso zu denken geben, wie wenn der Verzehr heißer Suppen ähnlich exzessive Ausmaße annimmt wie früher Ihr Zigarettenkonsum. Natürlich hat jeder Mensch seine Macken, die ihn besonders liebenswert machen, doch wenn Sie das Haus nicht mehr verlassen können, ohne mindestens sieben Mal zurückzukehren, um festzustellen, ob Sie auch wirklich abgeschlossen haben, verliert die Macke ihren liebenswerten Charakter und wird zur Qual für sämtliche Beteiligte. Es gehört zum Leben dazu, dass man manchmal von der Rolle ist. Dem Menschen bleibt das Glück verwehrt, darum kann er gar nicht anders, als neurotisch zu werden. Wenn Sie schon vom Wetterbericht Herzrasen bekommen und beim Backen all Ihre Kekse dieselbe phallische Form aufweisen, sollten Sie vielleicht wirklich mal über einen Termin beim Psychiater nachdenken.

KREATIVER EINSCHUB
Notieren Sie fünf Dinge, vor denen Sie Angst haben.

MEINE WOCHE 43

Was von dieser Woche in Erinnerung bleiben soll:

Was ich lieber wieder vergesse:

OKTOBER

To do:
Familienfeier

Eine Familienfeier ist Ballett für Leute, die nicht tanzen können. Als Ihre Verwandten auf dem Parkplatz vor dem Restaurant in einer perfekten Choreografie aus den Autos steigen, erinnern sie an einen Clan, dem gegenüber die Cosa Nostra ein Verein bemitleidenswerter Herren in zu großen Anzügen ist. Ein Gefühl, das sich während dem Verzehr des zum Hauptgang servierten Rinderbratens samt Markknochen noch verstärkt. Vom Alkohol – erst weiß, dann rot, dann wieder weiß, dann Bier – beseelt, lösen sich die individuellen Grenzen und setzen ein Gefühl pathetischer Solidarität frei, wodurch jeder sofort bereit wäre, für die sektiererische Großtante aus dem Hinterland eine Kugel abzufangen. Etwas Ähnliches geschieht tatsächlich, als der Kellner verkündet, dass das Meringue-Dessert aus sei. Obwohl ihre Liebe zur Familie in der Regel nicht für mehr als einen Viergänger samt Käseplatte ausreicht, wollen nun plötzlich alle schon am nächsten Morgen zum Heimatort Ihrer Familie fahren, um dort diesen Stein mit dem Familienwappen in die Erde zu legen, den Ihr Onkel, der an einer Realschule Werkunterricht gibt, in seiner Freizeit geschliffen hat. Glücklicherweise bleibt es wie jedes Jahr bei der Idee. Als Sie austreten müssen, stellen Sie wieder mal fest, was für ein berückend-heimeliges Gefühl es doch ist, einem Verwandten auf der Toilette zu begegnen. Vor lauter Cosa-Nostra-Übermut marschieren Sie gar in die Küche, wo Sie sich vom Koch dessen eindrückliche Messersammlung demonstrieren lassen. Während der ganzen Feier sitzt Ihre Großmutter mit derselben versteinerten Miene auf ihrem Platz, wobei ihr gemächlicher, aber stetiger Verzehr der verschiedenen Gänge das einzige Vitalzeichen bleibt. Sie trägt das schwarze Samtkleid, in dem man sie auch auf Beerdigungen sieht. Bei ihrem Anblick beschleicht Sie plötzlich die Furcht, dass es dieses Jahr das letzte Mal gewesen sein könnte. Oder wird sie noch etwas durchhalten? Das Ärgerliche am Leben ist, dass man nie genau weiß, ob die Vorstellung schon zu Ende ist, oder ob es noch für eine Zugabe reicht. Bestellen Sie doch noch eine Käseplatte.

KREATIVER EINSCHUB
Zeichnen Sie ein Familienwappen nach Ihrem Geschmack.

MEINE WOCHE 44

Was von dieser Woche in Erinnerung bleiben soll:

Was ich lieber wieder vergesse:

OKTOBER / NOVEMBER

To do:
Auf den Friedhof gehen

Wann waren Sie eigentlich das letzte Mal auf dem Friedhof? Normalerweise machen Hausbesichtigungen ja Spaß, doch beim Besuch dieser letzten Ruhestätte beschleicht Sie jedes Mal ein namenloses Grauen. Vielleicht liegt es auch an der Beschaffenheit der hiesigen Friedhöfe, die einem mit ihrer sterilen Kälte die Lust auf das ewige Leben endgültig vergällen. Und es wird auch nicht besser, wenn Sie den Ort als lauschige Grünanlage interpretieren, die Sie bei Ihrer morgendlichen Joggingrunde durchqueren. Hierzulande gilt als kultureller Ort, wo gegrillt werden kann. So dürfte es nur eine Frage der Zeit sein, bis auf unseren Gottesäckern erste Barbecues stattfinden. Das muss nicht unbedingt schlecht sein. In Moldawien veranstalten die Leute auf den Gräbern ihrer verstorbenen Verwandten Picknicks. Bis es hier so weit ist, dauert es noch ein Weilchen. Die Leute picknicken schon zu Lebzeiten nicht mit ihren Familienangehörigen, warum sollten sie nach deren Tod damit anfangen? Auf Friedhöfe trauen Sie sich einzig und allein im Urlaub, da Sie sich dann einreden können, dass auch der Tod zum All-inclusive-Angebot gehört. Auf den Friedhof in Ihrer Stadt gehen Sie eigentlich nur bei akutem Anlass, also auf Beerdigungen, und an diesem einen grauen Sonntag im November, Allerheiligen, wo Sie aus heiterem Himmel auf die Idee kommen, mal wieder das Grab von Onkel August zu besuchen. Und wie immer finden Sie es nicht. Sie schieben es auf den Nebel, auch wenn gar keiner liegt. Aber vielleicht meinen Sie ja einen anderen Nebel, den in Ihrem Kopf, der Sie immer dann beschleicht, wenn Sie an den Tod denken. Ich schlage vor, dass Sie sich Ihren Ängsten stellen und häufiger auf den Friedhof gehen.

KREATIVER EINSCHUB
Gestalten Sie Ihren Traum-Grabstein und veredeln Sie ihn mit einem Epigramm.

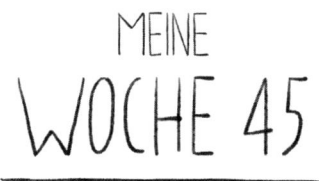

Was von dieser Woche in Erinnerung bleiben soll:

Was ich lieber wieder vergesse:

NOVEMBER

**To do:
Kinderwunsch überdenken**

Apropos Anfänge. Immer wenn das Jahr sich dem Ende neigt, denken Sie über Kinder nach. Als Ihr Wochen-Coach kann ich diese Idee nur unter Vorbehalt gutheißen. Zunächst einmal sind Sie nicht mehr ganz jung, was einerseits den angenehmen Vorteil hätte, dass die Leute Sie für einen Großelternteil halten und gewisse Nachlässigkeiten in der Erziehung als Ausdruck erschlaffender Lebenskräfte interpretieren würden. Andererseits besteht die Gefahr, dass Sie jener peinliche Elternteil sein würden, der vom Mama-Papa-Turnen mit Blaulicht ins Krankenhaus gefahren werden müsste. Ich weiß, dass Sie sich eher als philosophischen Erzieher sähen, der den Sprössling mit lebhaften Nacherzählungen antiker Mythen erfreut. Was aber, wenn Ihr Kind sich nicht für Odysseus interessiert? Was, wenn Ihr Kind ein ignoranter Idiot würde, der den ganzen Tag nur Speckchips essen und Playstation spielen will? Viele lassen sich sowieso nur auf dieses Abenteuer ein, weil sie einen guten Grund brauchen, wieder Lego spielen zu können. Viele steigern sich dabei in einen Bau-Rausch hinein, aus dem sie erst wieder erwachen, wenn das Kind schon volljährig oder drogensüchtig ist. Andere sehen den eigenen Nachwuchs vor allem als Kompensationsmasse für ihre eigenen verpassten Träume. Unter dem Motto »Das Kind soll es einmal besser haben als ich« lassen sie es schon im zarten Alter auf dem Tennisplatz den Rückhandvolley trainieren und spielen ihm die gesammelten Werke von Schönberg, Nono und Stockhausen vor, um seinen Hörnerv schon vorzeitig für die anarchischen Klänge atonaler Musik zu sensibilisieren. Vergeltung ist bei der Erziehung das Grundgefühl vieler Eltern. Wer schon frühmorgens beim Müsli den ersten Tobsuchtsanfall erleidet, sollte vielleicht besser Yoga machen als ein Kind. Vielleicht sind Sie auch eher der Paten-Typ: Sie kommen, wenn es etwas zu trinken gibt, und gehen, wenn die Pampers voll sind.

KREATIVER EINSCHUB

Entdecken Sie das Kind in sich und lassen Sie es hier eine Zeichnung machen.

Was von dieser Woche in Erinnerung bleiben soll:

Was ich lieber wieder vergesse:

NOVEMBER

**To do:
Wieder mal tanzen**

Ab einem gewissen Alter ziehen die Menschen auf Partys die Schuhe aus. Vermutlich, weil sie wissen, dass es das Einzige ist, was sie an diesem Abend ausziehen werden. Es ist länger her, dass Sie das letzte Mal auf einer Party gewesen sind, und Sie stürzen sich so gierig auf die Tanzfläche, als wären Sie ein Fisch, der nach längerem Landaufenthalt endlich in sein angestammtes Element zurückkehrt. Das stimmt jedoch nicht ganz. Schließlich haben Sie zuhause geübt und dabei einige gewagte Schrittkombinationen erfunden, die Sie nun das erste Mal der Öffentlichkeit präsentieren. Längst sind die anderen Partygäste auf Sie aufmerksam geworden. Bei solchen Anlässen gibt es immer eine Person, die das Tanzen für sich gepachtet hat, während alle anderen im

Grunde bloße Mittänzer sind, die sich in ihrem Windschatten bewegen. Und heute Abend sind Sie dieser Vortänzer. Zwar stellen Sie nach wenigen Takten fest, dass die Musik Ihnen, anders als zunächst angenommen, nicht im Geringsten bekannt ist, doch beschließen Sie, sich davon nicht beirren zu lassen und einfach weiter Ihrer ganz eigenen geheimen Rhythmik zu folgen. Dass Ihnen dabei irgendwann das Portemonnaie aus der Tasche fällt, unterstreicht nur die Radikalität Ihres Vorhabens: Sie haben den schnöden Mammon hinter sich gelassen und sich einem freieren Leben verschrieben, einem Leben aus Musik, Tanz und Wodka-Red-Bull. Der nächste logische Schritt wäre die Vereinigung mit einem anderen tanzenden Wesen. Da dies mit fortschreitendem Alter jedoch immer schwieriger wird, sehen sich viele nach einer Ersatzlösung um, die jedoch, wie der Name schon andeutet, nur enttäuschen kann. Sie fangen nach 23-jähriger Abstinenz plötzlich wieder mit dem Rauchen an oder unterhalten sich mit irgendeinem Typen aus Kanada, den eine Bekannte mitgeschleppt hat, über die Forstwirtschaft in Ontario. Wenn sie Pech haben, treffen sie jemanden, der im selben Berufszweig arbeitet, wodurch der Exzess endgültig vereitelt wird. Andere versuchen sich zu retten, indem sie einfach beharrlich weitertanzen. Die stockenden Bewegungen ihres völlig übersäuerten Körpers haben dabei nichts mehr mit Freiheit am Hut, sondern erinnern an Elektra, die am Ende von Hofmansthals Drama dem Wahnsinn verfällt. Mein Rat: Genehmigen Sie sich noch einen Drink und gehen Sie nach Hause, im berauschenden Wissen, für ein paar Stunden am Kelch der Freiheit genippt zu haben.

KREATIVER EINSCHUB
Zeichnen Sie die Bewegungskurve Ihrer letzten Partynacht.

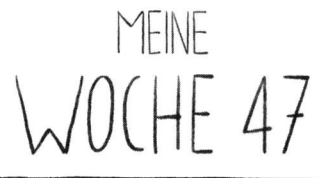

Was von dieser Woche in Erinnerung bleiben soll:

Was ich lieber wieder vergesse:

NOVEMBER

**To do:
Weiterleben**

Als Sie die Praxis Ihres Hausarztes betreten, um endlich die Untersuchungsergebnisse Ihres Gesundheitschecks abzuholen, sind Sie absolut sicher, an sämtlichen bekannten Krankheiten zu leiden sowie an noch ein paar weiteren, die bislang nicht entdeckt wurden. Neidisch beobachten Sie das hochbetagte Ehepaar, das sich am Rollator zum Lift schleppt. Wie fit die beiden noch sind. Im Moment würden Sie mit jedem tauschen, selbst mit dem Mann auf dem Stuhl gegenüber, dessen Gesicht von einer riesigen Schuppenflechte überwuchert ist. Je näher das Gespräch mit dem Arzt rückt, desto mehr verlassen Sie die Kräfte. Möglicherweise werden Sie sogar noch in der Praxis versterben. In aller Eile tippen Sie eine melodramatische Abschiedsnachricht an Ihre alte Liebe. Und

Ihrem Geschäftspartner schreiben Sie eine nicht ganz so melodramatische Nachricht, in der Sie ihn darum bitten, das Schinkensandwich auf Ihrem Schreibtisch wegzuschmeißen. Es wäre Ihnen unangenehm, wenn nach Ihrem Ableben ein verdorbenes Brötchen an Sie erinnern würde. Am Ende schicken Sie keine der Nachrichten ab und schnappen sich stattdessen eine Illustrierte. Während Sie durch die *Bunte* blättern, wird Ihnen bewusst, dass die Geschichte über den neuen Hund von Heidi Klum vermutlich das Letzte ist, was Sie in diesem Leben gelesen haben. Auf einmal überkommt Sie ein Gefühl versöhnlicher Heiterkeit. Alles Schwere fällt von Ihnen ab und macht einer traumtänzerischen Leichtigkeit Platz. Sie fliegen beinahe ins Behandlungszimmer, wo Sie den Arzt mit einem Lächeln begrüßen, das geradewegs dem Cover der *Bunten* entlehnt ist. Als er Ihnen mitteilt, die Ergebnisse seien unauffällig, lächeln Sie einfach weiter. Sie verstehen nicht, was er sagt. Nicht nur der Tod hat seine Schwere verloren. Sondern auch das Leben. Sie spüren überhaupt nichts mehr. Willkommen in der Weihnachtszeit.

KREATIVER EINSCHUB
Machen Sie Ihr Testament.

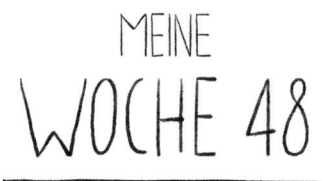

Was von dieser Woche in Erinnerung bleiben soll:

Was ich lieber wieder vergesse:

NOVEMBER / DEZEMBER

To do:
Sich in der Weihnachtszeit rarmachen

Die Weihnachtszeit beginnt bereits im November, dann nämlich, wenn Sie beinahe täglich zu einer anderen Vereinsfeier oder einem gemeinsamen Glühweintrinken eingeladen werden. Da der Dezember bekanntlich schon mit Terminen vollgestopft ist, feiert man seit einiger Zeit auch mit dem Freundeskreis bereits im November vor, weshalb der Monat einer Endlosparty gleicht. Ballermann mit Mandarinen. Viele kehren in diesen Tagen gar nicht erst nach Hause zurück, sondern duschen in der Squash-Halle neben dem Büro. Dabei tragen sie die ganze Zeit die Nikolausmütze von der Jahresabschlussfete mit den Jungs vom Schützenverein, die zu ihrem Erkennungszeichen geworden ist, genau wie die konstante Gin-Fahne und der immer scheeler werdende

Blick, während sie auf der Arbeit wie besinnungslos vor einem Haufen geknackter Erdnüsse sitzen. Weihnachtszeit bedeutet für viele auch einfach freiwillige Selbstausbeutung im Gewand der Glückseligkeit. In diesen Zeiten kann schon ein harmloser Umtrunk zu einem Kraftakt werden, der einen an die Grenze zum Burn-out bringt. Doch nach einem Jahr mit mir an Ihrer Seite sollte Ihr Termin-Gefühl sensibel genug sein, um einen wichtigen Anlass von einem vernachlässigbaren unterscheiden zu können. *Die Kunst der guten Woche* besteht darin, die Leere im Kalender als Manifest der Freiheit zu feiern. Sie müssen jetzt nur noch dort Mandarinen schälen, wo Sie es auch wirklich wollen. In der Weihnachtszeit kein einfaches Unterfangen, aber Sie werden es schaffen.

KREATIVER EINSCHUB

Bitten Sie Ihre Arbeitskollegen und -kolleginnen, sich an dieser Stelle in Ihrem Buch zu verewigen.

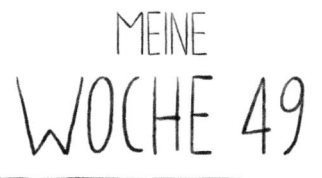

Was von dieser Woche in Erinnerung bleiben soll:

Was ich lieber wieder vergesse:

DEZEMBER

To do:
Die Adventszeit überstehen

Genau wie an Ostern fühlen Sie sich an Weihnachten wie ein Darsteller in einer schon etwas verstaubten Komödie aus den Fünfzigern. In diesem Fall jedoch dient die Komik einzig dazu, Ihre Rührseligkeit zu verdecken. Tatsächlich brauchen Sie beim Einkaufen im Supermarkt bloß ein paar Takte einer souligen Version von *Jingle Bells* zu hören und schon stehen Sie mit den Zutaten für die Lebkuchen nach Großmutters Art an der Kasse. Warum ein Mensch, der sich dem Backofen nicht einmal nähert, um Fertigprodukte aufzuwärmen, nun plötzlich ein Blech nach dem anderen in die Röhre schiebt, können Sie nicht sagen und auch nicht, warum ein Mensch, der sich eben noch an einen Baum hat fesseln lassen, um gegen dessen Abholzung zu protestieren, nun spätnachts im Wald steht, um diese bolzengerade Weihnachtstanne eigenhändig zu fällen. In der Adventszeit sieht man öfter als üblich, dass unser sogenanntes Ich nur eine Strohpuppe für Entscheidungen ist, die längst woanders getroffen worden sind. In den Sümpfen unserer Kindheit oder in den Zentralen von Supermarktketten. Wobei vieles dafür spricht, dass die beiden mittlerweile fusioniert haben. Wer einer anderen Religion angehört, hat hierzulande im Dezember wenig zu lachen – oder sehr viel. Jedenfalls staunt man schon beim Anblick all dieser senfverschmierten Münder, die genüsslich an einer Glühwein-Tasse nuckeln, was für ästhetische Entgleisungen mittlerweile der Besinnlichkeit angerechnet werden können. Es gibt Menschen, die setzen sich zu Weihnachten auf die Bahamas ab. Und verbringen die ganzen Feiertage damit, nach einem tannenähnlichen Baum zu suchen, unter dem sie sich an Heiligabend wie verschreckte Elfen zusammenkauern. Es gibt Dinge, denen entkommt man nicht, ohne sich dabei noch lächerlicher zu machen, als wenn man sie befolgt. Weihnachten gehört zu diesen Dingen. Finden Sie sich damit ab.

KREATIVER EINSCHUB
Halten Sie hier das Rezept für Ihr Lieblings-Weihnachtsgebäck fest.

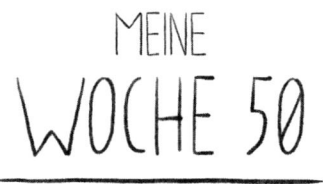

Was von dieser Woche in Erinnerung bleiben soll:

Was ich lieber wieder vergesse:

DEZEMBER

**To do:
Geschenke kaufen**

Die Zeit der guten Geschenke ist vorbei. Sie endete vor vielen Jahren, als Sie Ihrer Mutter diesen Seiden-Pyjama gekauft haben, in dem sie laut eigener Angabe mal begraben werden möchte. Man soll bekanntlich aufhören, wenn es am schönsten ist, doch entspricht das nicht der sadistischen Logik von Weihnachten, nach der es immer weitergehen muss. Der Kapitalismus folgt im Windschatten der Liebe. Er ist immer dann zur Stelle, wenn man lieber diesen sperrigen Massage-Stuhl kauft, der die Wirbelsäule der Tante endgültig vernichtet, als das Gesicht zu verlieren. Denn: Wer ohne Geschenk auftaucht, macht sich verdächtig. Der hat seine Arbeit verloren, den Weg zu harten Drogen gefunden oder beim Glücksspiel sein gesamtes Vermögen verspielt. Oder

der ist einfach ein geiziger, herzloser Mensch. Man schenkt dieses Abo für die 24-bändige Reihe mit dem Titel *Der europäische Panzer* also nicht aus Liebe zum Onkel, sondern aus Selbstschutz. Manche versuchen dem kapitalistischen Diktat zu entgehen, indem sie auf Selbstgebasteltes zurückgreifen. Doch seit Sie für Ihre Familie diese Kalender gestaltet haben, wissen Sie, dass das nicht Ihr Weg ist. Menschen mit kreativer Ader beglücken ihre Nächsten auch mal mit einem selbst verfassten Poem oder einer naturalistischen Darstellung des Jungfraujochs bei Nacht. Die zurückhaltenden Reaktionen auf Ihr Debüt als Geigenvirtuose deuten jedoch darauf hin, dass Sie auch dieses Jahr besser die Charcuterie-Abteilung aufsuchen sollten. Ein billiger Trick, der seit ein paar Jahren die Runde macht, besteht darin, dem anderen kein Objekt zu schenken, sondern einen moralischen Vortrag, warum man darauf verzichtet hat. Moralische Vorträge sind wie Gutscheine für Intellektuelle. Und mindestens genauso unbeliebt. Lassen Sie die Finger davon und schenken Sie Ihrer Mutter besser wieder mal einen Seiden-Pyjama.

KREATIVER EINSCHUB
Was würden Sie sich selbst schenken?

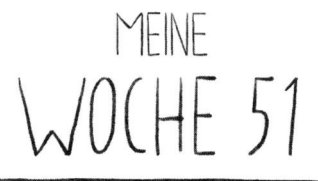

Was von dieser Woche in Erinnerung bleiben soll:

Was ich lieber wieder vergesse:

DEZEMBER

To do:
Das Weihnachtsfest feiern

Offiziell ist Weihnachten das Fest der Geburt Jesu Christi, in Wahrheit aber feiert man schon lang die merkwürdige Schönheit der Wiederholung. Dabei stellt sich die Frage: Wie oft kann man eigentlich *Last Christmas* hören, ohne den Verstand zu verlieren? Die Antwort lautet: Vermutlich hat man ihn schon vor langer Zeit verloren und nur darum feiert man Weihnachten überhaupt noch. Man sagt, man mache es für die Kinder. Und wenn man keine hat, macht man es eben für das Kind, das man einmal gewesen ist. Weihnachten ist auch das Fest der billigen Ausreden, und Nostalgie ist vielleicht die billigste Ausrede, die es gibt. In jeder Familie gibt es immer auch den einen oder anderen Anarchisten, der mit riskanten Parallelmanövern versucht, das immer gleiche

Prozedere zu durchbrechen: Er taucht plötzlich in der Küche auf, um sich auf einer freien Kochplatte ein exotisches Basmati-Gericht aufzuwärmen, und spielt zwischen *Ihr Kinderlein kommet* und *Stille Nacht, heilige Nacht* eine Live-Version von *Fuck Tha Police* ab. Solchen Kamikaze-Aktionen ist aber keine lange Halbwertszeit vergönnt, und spätestens im nächsten Jahr tunkt der Weihnachts-Anarcho wieder lammfromm sein Fondue-Fleisch in die Brühe und röhrt bei *O Tannenbaum* aus voller Kehle mit. Noch ein Wort zum Baum: Während die Avantgarde heute auf Bio-Bäumchen schwört, die sich im Laufe des Heiligen Abends selbst kompostieren, zelebrieren konservative Geister eine Art Höhenfeuer, das im Umkreis vieler Kilometer zu sehen ist. Für manche Dinge muss man ein Kind sein oder nicht mehr ganz nüchtern, da man sonst Gefahr läuft, die Hohlheit hinter der feierlichen Fassade zu erkennen. Ich rate Ihnen daher, dass Sie rechtzeitig mit dem Rotwein anfangen, um spätestens, wenn gesungen wird, feuchte Augen zu bekommen.

KREATIVER EINSCHUB

Schicken Sie mir Ihr Liebesgedicht von Woche 7. Die schönste Einsendung gewinnt ein Raclette-Essen mit dem Wochen-Coach.

Um an der Verlosung teilzunehmen, senden Sie uns Ihr Liebesgedicht aus Woche 7 mit dem Betreff »Kunst der guten Woche« an folgende E Mail Adresse:
wettbewerb@keinundaber.ch

Einsendeschluss ist der 31. Januar 2024.

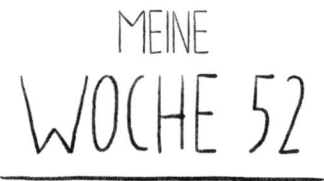

Was von dieser Woche in Erinnerung bleiben soll:

Was ich lieber wieder vergesse:

DEZEMBER

**To do:
Silvester feiern**

Das Jahr beenden Sie am besten mit der Langsamkeit einer Siamkatze. Wer das ganze Jahr über nie joggen war, sollte nicht noch kurz vor dem Ende damit anfangen. Warum trinken Sie nicht eine der 34 Flaschen Graševina und sprechen danach Ihrer verflossenen Liebe eine Nachricht von kryptischer Versöhnlichkeit auf die Mailbox, die Ihren baldigen Aufbruch in den Amazonas andeutet? Später gehen Sie ins Restaurant, wo Sie den Kellner um einen Tisch direkt neben der Toilette bitten, und besuchen Ihre Großmutter im Altersheim, wo Sie vor dem Fernseher einschlafen, bis Sie vom Feuerwerk draußen geweckt werden. In der Regel verspürt man am Jahresende eine leichte Zerknirschtheit, die Sie jedoch heiter stimmen sollte: Das ist Ihre ganz persönliche Zerknirschtheit. Das ist Ihr Leben, mag es noch so unvollkommen sein. Natürlich wären Sie gern jemand anders. Doch sollten Sie auch die Vertrautheit schätzen, die mit den peinlichen Erfahrungen Ihrer Unzulänglichkeit einhergeht. Nichts ist intimer als die eigenen Fehler. Das ist kein besonderer Grund zum Jubel, doch sollten Sie mittlerweile reif genug sein, um es mit Fassung zu tragen. Schließlich ist die Vertreibung aus dem Paradies auch schon wieder ein paar Jährchen her. An dieser Stelle möchte ich darauf hinweisen, dass für allfällige Schäden keinerlei Haftung übernommen wird. Das ist Ihr Leben. Ich habe mein eigenes, mit dem ich auskommen muss. Lassen Sie uns noch ein letztes Mal zu den Schindeldachkonstruktionen spazieren, und dann trennen sich unsere Wege an jener Kreuzung, die man gemeinhin das Ende eines Buches nennt.

KREATIVER EINSCHUB

Beschreiben Sie etwas, das Sie das ganze Jahr schon machen wollten und immer aufgeschoben haben. Und tun Sie es!

LUKAS LINDER, geboren 1984, studierte Germanistik und Philosophie. Er ist Dramatiker, schrieb u. a. für das Theater Basel und wurde mit mehreren Preisen ausgezeichnet, darunter mit dem Kleist-Förderpreis, dem Publikumspreis des Heidelberger Stückemarkts und 2021 mit dem Kasseler Förderpreis Komische Literatur. Seine beiden Romane *Der Letzte meiner Art* (2018) und *Der Unvollendete* (2020) erschienen bei Kein & Aber. Lukas Linder lebt in Lodz.

LEONIE RÖSLER, geboren 1994, ist Illustratorin und Comic-Zeichnerin. Neben Auftragsarbeiten zeichnet sie Comics für Magazine und veröffentlicht eigene Publikationen. Mit ihrem Comic *Wen kratzt Ava?* gewann Leonie Rösler im Frühjahr 2020 das Förderstipendium der Deutschschweizer Städte. 2021 stand sie auf der Longlist der World Illustration Awards. Leonie Rösler lebt in Basel.

HIER IST PLATZ
FÜR IHRE NOTIZEN

HIER IST PLATZ
FÜR IHRE NOTIZEN

HIER IST PLATZ
FÜR IHRE NOTIZEN

HIER IST PLATZ FÜR IHRE NOTIZEN